Prier comme Jésus

ISBN 979-10-90819-64-1

37, rue Barbet-de-Jouy, 75007 Paris
www.editions-adsolem.fr

Imprimé en France

Jean-Marie Lustiger

PRIER COMME JÉSUS

ENTRETIENS SUR LE « NOTRE PÈRE »

Présentation de Jean Duchesne

Ad Solem

PRÉSENTATION

Dans ce qu'il faut désormais appeler l'« œuvre » du cardinal Lustiger, ce livre occupe une place à part. Car il était jusqu'à présent inédit en français, mais pas en anglais.[1]

Vers le milieu des années 1980, en effet, Rebecca Howell Balinski (1934-2013), une Américaine vivant depuis peu à Paris, convertie au catholicisme et enthousiasmée par la parole du jeune archevêque, s'est mise à traduire pour sa famille et ses amis de passage ce qu'elle en trouvait transcrit dans l'hebdomadaire diocésain *Paris-Notre-Dame*.

Une copie pour information en a été transmise au secrétariat du cardinal. Il lui a alors été demandé de traduire *Premiers pas dans la prière*, qui venait de sortir et qui avait attiré l'attention des éditions Doubleday,

1 Un autre livre du cardinal Lustiger est dans le même cas : *Dare to Rejoice* (voir ci-dessous la note 3).

à la suite d'une visite remarquée du cardinal Lustiger aux États-Unis.[2]

Rebecca Balinski avait traduit entre autres les résumés parus dans *Paris-Notre-Dame* des réflexions du cardinal sur le « Notre Père ». Cet ensemble a intéressé Our Sunday Visitor, une autre maison de presse américaine, catholique celle-là,[3] qui avait aussi repéré chez le nouvel archevêque de Paris un ton et un style peu communs.

Le cardinal Lustiger a hésité à autoriser cette nouvelle publication. Il n'était pas satisfait de cet ensemble

2 *Premiers pas dans la prière* est paru à Paris chez Nouvelle Cité en 1986 et est constamment réimprimé depuis. – Le cardinal Lustiger s'est rendu à Washington, Chicago, Boston et New York, sur l'invitation des archevêques de ces villes, en avril cette année-là, curieux du renouveau reaganien et en même temps inquiet des réticences envers Rome de certains catholiques américains. – Dans le prolongement de ce voyage, *First Steps in Prayer* a été publié en 1987 à New York par Doubleday, et Crossroad (toujours à New York) a fait traduire *Osez croire* et *Osez vivre* (Centurion, Paris, 1985) pour publier en 1988 *Dare to Believe* et *Dare to Live.*

3 Our Sunday Visitor est basé à Huntington dans l'Indiana et est le titre d'un populaire journal dominical, diffusé dans de nombreuses paroisses américaines. L'hebdomadaire est complété et soutenu par l'édition de livres – dont *The Lord's Prayer* en 1988 et, pour faire suite à *Dare to Believe* et *Dare to live*, en 1990 *Dare to Rejoice* : une collection de textes préparée et présentée par le journaliste Edward Wakin, restée jusqu'à présent inédite en français, mais plusieurs fois réimprimée et rééditée en « poche », comme les autres ouvrages publiés aux États-Unis du cardinal Lustiger, et que celui-ci, quand il l'a découverte, a jugée « fort bien faite »...

sur « la prière du Seigneur »,[4] improvisé semaine après semaine pour tenir l'engagement qu'il avait pris de donner régulièrement à la radio qu'il avait fondée un enseignement spirituel avec ce qu'il appelait des « entretiens ». Non qu'il trouvât quoi que ce soit à renier dans cette série intitulée « La prière de Jésus ». Ce qui le gênait était plutôt le sentiment de n'avoir pas réussi à expliquer ou bien formuler tout ce qu'il aurait souhaité partager, et il était trop conscient des lacunes que pouvaient relever dans son commentaire d'éminents exégètes français de sa connaissance et qu'il estimait, à commencer par Thomas Kowalski, son ami et ancien vicaire à Sainte-Jeanne de Chantal, mais aussi Lucien Deiss, Henri Cazelles, Jean Carmignac, Jacques Briend, Paul Beauchamp...[5]

4 Avec *The Lord's Prayer*, Our Sunday Visitor avait repris non seulement l'appellation traditionnelle du « Notre Père » en anglais, mais aussi le titre d'un livre célèbre du théologien allemand Romano Guardini (1885-1968), admiré de la génération de Jean-Marie Lustiger : *Das Gebet des Herrn*, paru en 1934, sans cesse réédité depuis, traduit dans de nombreuses langues et sorti pour la première fois en français chez Bloud et Gay en 1952, dans une traduction de Jeanne Ancelet-Hustache.

5 Thomas Kowalski (1933-2003) enseigna à l'École Cathédrale et au Séminaire de Paris. – Lucien Deiss (1921-2007), spiritain, exégète et musicien, est l'auteur d'une *Synopse de Matthieu, Marc et Luc avec parallèles de Jean* (Desclée de Brouwer, 1963-1964) fort prisée du P. Lustiger, et aussi de nombreux cantiques (dont « Souviens-toi de Jésus-Christ... ») utilisés à Sainte-Jeanne de Chantal dans les années 1969-1979. – Henri Cazelles (1912-2009), sulpicien, fut professeur à l'Institut catholique de Paris (où Jean-Marie Lusti-

Le cardinal finit cependant par espérer que les Américains seraient plus indulgents ou moins difficiles, en se rendant aux arguments de ceux de ses proches qui lui assuraient n'avoir entendu vraiment personne se déclarer scandalisé ni déçu par ce qu'il avait dit – au contraire même !

L'édition en français [6] sous forme de livre des « entretiens » sur le « Notre Père » fut en tout cas renvoyée à plus tard – à un temps qui est sans doute venu, maintenant que ces textes ne peuvent plus être remaniés et complétés par leur auteur, mais qu'il serait dommage qu'ils restent accessibles aux seuls anglophones – en prévenant bien que les pages qui suivent ne constituent pas une œuvre achevée ni un traité exhaustif en bonne et due forme sur la prière enseignée par Jésus aux siens.

---

ger, séminariste, fut un de ses étudiants) et enseigna également à l'École pratique des Hautes Études. – Sur Jean Carmignac, voir la note à l'entretien XX, où il est nommément cité. – Jacques Briend (né en 1932) fut professeur d'Écriture sainte à l'Institut catholique de Paris et doyen de la Faculté de Théologie de 1979 à 1988. – Paul Beauchamp (1924-2001), jésuite, enseigna à Fourvière (Lyon) puis au Centre Sèvres (Paris). Il est notamment l'auteur de *L'un et l'autre Testament* (Seuil, Paris, tome I, 1976 ; tome II, 1990) et présente l'originalité d'avoir pris en compte les sciences du langage et l'étude des formes littéraires ainsi que la psychanalyse.

6 Ou en toute autre langue, Our Sunday Visitor ayant obtenu les droits en anglais exclusivement et sans possibilité de cession pour traduction hors des États-Unis.

Le même problème se posa peu après à propos d'une série ultérieure d'« entretiens » – sur la messe. Rebecca Balinski traduisit spontanément les résumés de *Paris-Notre-Dame* et cette fois Harper & Row de San Francisco se déclara candidat. Le cardinal Lustiger était moins mécontent de lui et permit sans trop d'inquiétudes cette nouvelle édition américaine.[7]

Non qu'il n'ait pas eu de scrupules. Ils étaient cependant d'un ordre tout différent. Car pour la publication en France, il suggéra que le texte soit mis au point non pas en se contentant de rassembler les résumés pour l'hebdomadaire diocésain qu'il avait pourtant et comme toujours validés après les avoir minutieusement révisés lui-même,[8] mais en lui soumettant, pour qu'il la retravaille et se la « réapproprie » (comme il disait), une mise en forme littéraire de la transcription littérale de ses propos à la radio.[9] Il en gardait l'impres-

7 *The Mass* parut donc dès 1987 et fut réédité en 1990 sous la marque HarperCollins après le rachat et la restructuration de Harper & Row.

8 Ces résumés étaient préparés par Mlle Nicole Parichon, une secrétaire discrètement efficace et dévouée, qui avait déjà servi le cardinal Marty. Le cardinal Lustiger appréciait ses compétences et sa rigueur, et il fut heureux de compter sur elle jusqu'à ce que lui-même accède à l'éméritat, bien qu'elle eût pu faire valoir ses droits à la retraite.

9 *La messe* parut donc chez Bayard en 1988, soit un an après la publication aux États-Unis de la traduction des résumés de *Paris-Notre-Dame*. Il y a eu une édition poche en « Livre de vie » au Seuil en 1998 et une réédition Bayard en 2009.

sion qu'ils étaient généralement restés d'une densité honorable, bien qu'il ait trop souvent dû improviser sans avoir eu le loisir de prévoir un plan détaillé ni de ciseler ses expressions, et il craignait que les condensés sur une page de *Paris-Notre-Dame* ne paraissent un peu secs ou estompent telle ou telle inspiration.

C'est cette procédure plus lourde et plus longue, en repartant des enregistrements, qui avait été adoptée pour *Premiers pas dans la prière*. Mais, après *La Messe*, il n'y fut plus recouru pour l'édition d'autres livres à partir de séries d'« entretiens » sur Radio Notre-Dame.[10] Il y a là une indication de la valeur que le cardinal Lustiger a finalement reconnue par principe aux résumés comme ceux qui sont repris ici, qu'il tenait à voir publiés au moins dans un périodique et auxquels il consacrait un temps précieux.

Les souvenirs qui précèdent ne sont pas simplement anecdotiques. Car les conditions dans lesquelles ces textes ont été produits éclairent sur le statut, la visée et la portée de l'enseignement qu'ils proposent.

Jean-Marie Lustiger aurait publié bien moins de livres s'il n'était pas devenu l'archevêque de Paris. Il n'a laissé que peu d'écrits (et fort brefs) du temps du Centre Richelieu, et il n'a pas consenti sans réticences

10 On en trouvera la liste en note des « Précisions sur l'édition » à la fin de ce volume.

à l'édition de certains de ses sermons comme curé de Sainte-Jeanne de Chantal.[11]

Tout commence à changer à partir du printemps 1980 lorsque, évêque d'Orléans, il accepte de commenter sur France Inter et pour *Le Nouvel Observateur* le voyage en France du pape Jean-Paul II[12] ; puis (et surtout) à l'automne suivant quand, réagissant à l'attentat contre la synagogue de la rue Copernic à Paris, il rédige un assez long article qui paraît dans le même hebdomadaire.[13]

De retour à Paris comme archevêque début 1981, Jean-Marie Lustiger saisit immédiatement que la taille et la nature de son auditoire ont encore augmenté : ce

11 Les *Sermons d'un curé de Paris* (chez Fayard en 1978) sont dus à l'amicale insistance de Corinne et Jean-Luc Marion. La « gestation » prit près de deux ans. L'auteur aurait souhaité que son nom n'apparaisse pas. L'éditeur (Robert Toussaint) l'emporta en faisant valoir que le livre serait encore plus difficile à vendre, car aucune polémique dans le contenu ne justifiait la réserve de l'anonymat. Il a de même fallu attendre 2002 pour qu'avec *La Promesse* (Parole et Silence, Paris), le cardinal Lustiger révise et publie une retraite qu'il avait prêchée en 1979 (peu avant d'être nommé à Orléans), qui développait sa vision de l'articulation du christianisme sur le judaïsme, et qui ne circulait jusque-là que « sous le manteau ».

12 En préparant des textes qu'il lit à la radio et en rédigeant pour le journal de Jean Daniel une chronique plus substantielle que tout ce qu'il avait jusqu'alors publié. Cet ensemble est repris dans *Jean-Marie Lustiger, témoin de Jean-Paul II*, Parole et Silence, Paris, 2011, p. 21-31.

13 « Les juifs et nous chrétiens », repris dans *L'Alliance*, Presses de la Renaissance, Paris, 2010, p. 13-19.

n'est plus la communauté étudiante de la Sorbonne, ni une paroisse comme Sainte-Jeanne de Chantal, ni même un diocèse encore plus grand que celui (déjà immense) d'Orléans, mais, avec tout Paris, la région et au-delà la France entière et même une attention de l'étranger. Sa parole doit donc utiliser tous les médias. Il y reconnaît un devoir inhérent à sa mission.

Il a déjà réfléchi, en observateur à la fois lucide et passionné de la société, sur le fonctionnement des moyens modernes de communication. Il n'hésite donc pas à donner des interviews à des journaux ni à passer à la radio et à la télévision, en faisant preuve d'une maîtrise peu commune, ce qui lui vaut d'être demandé et de pouvoir choisir les lieux et les moments,[14] conscient de ce que l'Église doit à la fois se faire entendre dans les grands médias nationaux et avoir ses propres organes,

14 Avec l'aide d'Olivier Jay, un jeune journaliste recommandé comme attaché de presse par Jean-Luc Marion, qui l'a apprécié lorsqu'une partie de l'opinion, y compris catholique, a douté de l'opportunité de la venue de Jean-Paul II en France. André Frossard, Georges Suffert et le P. Serge Bonnet, o.p., ont rédigé un texte saluant la chance de renouveau que représentait cette visite. Jean-Luc Marion et l'équipe de la revue *Communio* en français s'y sont associés. Olivier Jay, arrivant de la Lorraine du P. Bonnet, a efficacement aidé à diffuser et à faire largement signer ce texte, qui a contribué à l'accueil finalement positif réservé à Jean-Paul II. Le cardinal Lustiger a par la suite confié la direction de Radio Notre-Dame et le lancement de *Paris-Notre-Dame* à Olivier Jay, avant que celui-ci aille poursuivre sa carrière dans l'industrie et dans la presse.

de manière à être présente dans la société. L'intention n'est d'ailleurs pas simplement de conserver ni même d'améliorer une place dans le paysage. C'est bien plutôt le souci de ne rien négliger pour annoncer l'Évangile, pour faire connaître le Christ.

C'est ainsi qu'après son transfert d'Orléans à Paris, dès que le nouveau gouvernement socialiste ouvre les ondes, Mgr Lustiger crée une station diocésaine où il sait que ses contributions seront attendues.[15] Et il n'oublie pas l'écrit imprimé : *Paris-Notre-Dame* est lancé en 1984 pour remplacer la défunte *Semaine religieuse de Paris* qui datait de 1853. Cet hebdomadaire *new look* (plutôt artisanal au départ) permettra de « rentabiliser l'investissement » consenti avec les « entretiens » de quatorze minutes chaque semaine à la radio, en en publiant des résumés : c'est une manière d'atteindre d'autres destinataires, et aussi de permettre aux auditeurs de mieux assimiler ce qu'ils ont seulement entendu.

On voit ici quel « message » le cardinal Lustiger veut faire passer : ce qui compte pour lui – encore une fois – n'est pas de s'imposer dans les médias, ni d'avoir *son* journal, *sa* radio, etc., mais de tenir son rôle de pasteur et de nourrir la vie spirituelle. Passer à la

15 La chaîne KTO sera de même fondée (en 1999) dès que le câble et les satellites permettront des stations de télévision non commerciales.

télévision ou dans les grands journaux n'est pas plus une fin. Ce n'est qu'un moyen pour que sa voix soit déjà familière et porte lorsqu'elle invite à découvrir ou redécouvrir le Christ et à intensifier ou approfondir la vie en relation avec lui.

C'est pourquoi l'archevêque de Paris accepte de parler de lui-même, « puisqu'il le faut »,[16] puisque son itinéraire excite la curiosité et donne du poids à sa parole. Précisément à l'époque où il donne à la radio ses commentaires du « Notre Père », il reçoit Jean-Louis Missika et Dominique Wolton pour ce qui deviendra *Le choix de Dieu*.[17] Il ne faut pas s'y tromper : ce qui alors et comme toujours lui tient le plus à cœur n'est pas ce projet centré sur sa personne, mais d'inciter à « entrer dans la prière de Jésus ». Sa motivation la plus puissante n'est pas sa propre origine ni même son histoire, mais sa vocation de prêtre, de pasteur, de successeur des apôtres, d'homme totalement séduit par le Christ.

16 Titre donné à son interview par deux journalistes israéliens fin 1981, reprise dans la revue *Le Débat* en 1982, puis dans *Osez croire* en 1985 et enfin dans *L'Alliance* (*op. cit.*, p. 21-83).

17 Éditions de Fallois, Paris, 1987. Un des arguments qui convainquit le cardinal Lustiger d'accepter cette proposition est que le livre aurait un prolongement télévisé. Les dialogues furent de fait repris et mis en scène pour deux émissions de 52 minutes, réalisées par Stanislas Bober et diffusées en 1988 sur la deuxième chaîne publique.

Ses souvenirs personnels et les analyses qu'il peut donner des grands événements du XXe siècle, de l'évolution de la civilisation et même de l'actualité [18] doivent surtout dévoiler la source de l'éclairage qu'il apporte. L'apologétique a classiquement pour fonction de répondre à des objections, vaincre des résistances, ouvrir à une catéchèse et même conduire finalement à une mystique. On peut dire qu'en 1986 pour Jean-Marie Lustiger, les activités exceptionnelles – le voyage aux États-Unis, les dialogues en vue du *Choix de Dieu* – sont ordonnées à une fin dont les « entretiens » radiophoniques sur le « Notre Père » sont représentatifs, comme manifestant sa raison d'être, ou relevant directement de sa mission « cardinale » (au sens de « foncière » ou « primordiale ») de prédication, d'enseignement et de sanctification.

18 À l'époque où il donne ses « entretiens » sur le « Notre Père » à Radio Notre-Dame, le cardinal Lustiger tient également à publier de minces plaquettes de format 10 x 21,5 cm qui montrent qu'il est conscient du poids dont il est appelé à peser dans la société. C'est d'une part (février 1986), en faveur de ces « pauvres » au sens biblique du terme que sont les trisomiques, *Prenez place au cœur de l'Église*, une conférence à l'Office chrétien des Handicapés, éditée par celui-ci chez l'imprimeur de *Paris-Notre-Dame*. Et d'autre part, dans le champ politique, ses *Six sermons aux élus de la Nation* (homélies à la messe de rentrée des parlementaires de 1981 à 1986), d'abord édités à compte d'auteur fin 1986 pour être remis à leurs premiers destinataires, puis repris par les Éditions du Cerf et diffusés en librairie à partir de janvier 1987.

On trouvera donc avec les textes publiés ici comme une clé de ce qui motive leur auteur, ce vers quoi tend toute l'énergie qu'il déploie, le secret qui l'anime et qu'il sait être appelé à partager.

À qui ces « entretiens » s'adressent-ils ? En premier lieu, manifestement, aux croyants convaincus, qui régulièrement écoutent Radio Notre-Dame et/ou lisent *Paris Notre-Dame* afin d'entretenir et de fortifier leur prière et leurs engagements. Ceux-là savent qu'ils n'ont pas fait le tour de leur foi, qu'une vie entière ne suffit pas pour découvrir tous les trésors qu'elle offre et qu'une personnalité comme celle du cardinal Lustiger, avec sa sensibilité et son expérience, son regard neuf d'homme venu de l'extérieur de la tradition ecclésiale, ouvre des perspectives et aiguise la perception de mystères inépuisables.

Mais au-delà de ce public acquis par avance, le discours s'adresse également aux hésitants, aux curieux, à celles et ceux qui tomberaient par hasard, en « zappant », sur cet enseignement diffusé au-delà des frontières de l'Église. Il ne s'agit pas de leur fournir des raisons de croire, de les amener progressivement à une adhésion en les entraînant dans une logique dont le point de départ leur serait acceptable, mais de les introduire sans ménagement au cœur même de la vie de foi, c'est-à-dire dans la relation au Christ et la prière avec lui.

Cette pédagogie peut paraître brutale et d'une efficacité aléatoire. Elle repose cependant sur le fait établi que les détours plus ou moins prudents ou habiles ne garantissent pas le succès de l'évangélisation,[19] que la conversion n'est pas une démarche purement rationnelle et que les réticences sont souvent des blocages sur des aspects périphériques par rapport à l'essentiel. Les témoignages ne manquent pas de retournements instantanés vers Dieu, provoqués par le choc de la découverte soudaine d'un de ses secrets. C'est bien une voie que le cardinal Lustiger entend ne pas s'interdire avec ces « entretiens » sans diplomatie, mais semés à tous vents.

Les questions et les doutes des incroyants et des mal-croyants n'épargnent d'ailleurs pas les plus fidèles. Ils ne sont pas affrontés simplement à l'incrédulité, mais aussi à leurs propres faiblesses et aux tentations inhérentes à la sainteté, puisque le Christ lui-même n'y a pas échappé, depuis sa retraite au désert jusqu'à son agonie à Gethsémani.

19 Voir le semi-échec de saint Paul face aux philosophes de l'Aréopage (Actes 17, 19-34) et, inversement, l'immédiateté de bien des conversions, qu'elles soient collectives (lors de « premières » évangélisations) ou individuelles (comme Paul Claudel derrière un pilier à Notre-Dame de Paris). Cela ne rend bien sûr pas superflus ni facultatifs les efforts propédeutiques de l'apologétique qui prend en compte la noblesse et les exigences de la raison humaine.

Faut-il cependant relever une originalité dans cette lucidité partagée avec ceux qui ignorent être aimés de Dieu comme avec ceux qui le savent ? Peut-on seulement l'y chercher ? Dans le ton familier, le style direct, le rythme passionné : sans doute ; dans les rapprochements entre telle demande du « Notre Père » et d'autres expressions des Écritures, révélant leur cohérence et suggérant leur source unique et « surnaturelle » ; mais pas dans le fond.

Il n'y a là, si l'on veut bien y prêter attention, aucune théologie inédite, pas de spiritualité nouvelle ni d'allégeance à une école particulière. C'est au contraire une synthèse qui, pour être personnelle au sens où elle est intensément vécue, reste d'une orthodoxie rigoureuse et traditionnelle, avec pour principal souci d'en déployer les richesses : la vie chrétienne s'inscrit dans la suite du Christ, donc dans la dynamique des relations intemporelles entre le Père, le Fils et l'Esprit, mais inséparablement dans l'Histoire que la Création inaugure, qui rebondit avec la Révélation culminant en l'Incarnation, la Passion et la Résurrection, qui se poursuit jusque dans le quotidien et qui s'achèvera à la fin des temps, lorsque toute prière ne sera plus que de bienheureuse louange.

L'abondance des références scripturaires, et au Premier aussi bien qu'au Nouveau Testament, peut frapper. Il est tentant d'y voir un signe de la « judaïté » qu'Aron-Jean-Marie Lustiger savait n'avoir pas perdue en recevant le baptême. Cependant, cette interprétation est bien courte et réductrice. D'abord les citations des évangiles et des écrits apostoliques sont – et de loin – bien plus nombreuses que celles de textes antérieurs qui servent à en approfondir la compréhension et ne peuvent en être dissociés.

L'imprégnation de la mémoire par les Écritures – leur rumination, comme on disait autrefois – n'est pas un privilège israélite ni une particularité « lustigérienne ». C'est, au sein du christianisme, une pratique fort ancienne, depuis les Pères de l'Église et même Paul, Matthieu, Marc, Luc et Jean, sans parler de l'auteur de l'Épître aux Hébreux, chez qui les réminiscences de la Loi, des prophètes et des psaumes sont légion.

Ce qui est nouveau – ou plutôt constitue un renouveau au sein du catholicisme –, c'est au XXe siècle, et avant même Vatican II, la redécouverte de la Bible, mise à la portée de tous, en encourageant les fidèles à s'y immerger. À cette lumière, le « biblisme » des commentaires du cardinal Lustiger sur le « Notre Père » apparaît comme non pas le signe d'une singularité biographique, mais la preuve d'une appartenance à une génération formée par des maîtres qui, tel l'oratorien

Louis Bouyer,[20] faisaient de l'exégèse bien plus qu'une « science » : un moyen d'entrer plus intimement en rapport avec Dieu, en laissant résonner en soi sa Parole vivante.

L'inscription, manifeste dans les méditations proposées ci-après, de la prière de Jésus – et donc de la prière chrétienne – dans la tradition d'Israël ne doit pas être interprétée comme visant à assumer une identité personnelle et encore moins à « judaïser » la piété. Il s'agit bien plutôt d'une participation à la reprise de conscience par toute l'Église de ses racines juives, qui n'appartiennent pas à un passé révolu, mais sont toujours et irrévocablement actuelles, lui demeurant indispensables pour comprendre et vivre sa foi.

Il convient d'ailleurs de rappeler que le jeune Lustiger n'est pas venu au christianisme en y introduisant ce qu'il aurait préalablement appris de rabbins. Son milieu était « sécularisé ». C'est au contraire en lisant tout seul une bible protestante où les deux Testaments lui sont apparus former un tout indissociable qu'il a mesuré l'importance qu'avaient – que devraient, qu'auraient dû avoir – pour les *goyim* baptisés, et donc bien au-delà des communautés israélites, Abraham et Moïse dont il avait seulement entendu parler.[21]

20 Voir *Le choix de Dieu*, *op. cit.*, p. 155-156.
21 Voir *Le choix de Dieu*, *op. cit.*, p. 25-33. Voir aussi p. 71-81.

L'intuition du gamin juif élève au lycée Montaigne de Paris rejoint celle qu'au même moment, et chacun de son côté, développent Jacques Maritain depuis Meudon, Louis Bouyer encore luthérien à Strasbourg et le jésuite Henri de Lubac dans la sainte citadelle de Fourvière à Lyon.[22] En 1986, dans sa soixantième an-

22 Avec Jaques et Raïssa Maritain, il faudrait citer Léon Bloy et Charles Péguy. Le premier article de Maritain différenciant l'antijudaïsme chrétien et l'antisémitisme athée (distinction reprise dans *Le choix de Dieu, op. cit.*, p. 81-88) pour les dénoncer date de 1921, mais le texte décisif, *Les juifs parmi les nations*, est une conférence de 1938, bientôt éditée au Cerf. – Voir ci-dessus la note 20 à propos de Louis Bouyer. Celui-ci, issu de la Réforme qui préconise l'accès direct à la Bible et aussi familier de l'Orthodoxie pendant ses études théologiques, écrit – en 1938 également –, alors qu'il est l'aumônier du gymnase (lycée) protestant de Strasbourg, dans son tout premier livre (réédité en 2012 chez Ad Solem), *Venez car tout est prêt (Lettres à un catéchumène pour le préparer à la communion eucharistique)* : « Et d'abord, notez quelle place les rencontres avec Dieu, rencontres directes d'une présence immédiate, occupent dans la Bible » (p. 23). Et de citer Abraham, Jacob, Moïse, Samuel… – Henri de Lubac, qui « montre, en puisant dans le trésor de la patristique, les manières de comprendre l'Écriture [y compris le Premier Testament] et son actualité » (*Le choix de Dieu, op. cit.*, p. 77), souligne dans *Catholicisme*, achevé en 1937 : « Saint Paul (…) coule pour ainsi dire l'enseignement chrétien dans les formes que [l]e judaïsme lui avait providentiellement préparées. La nouveauté chrétienne est une transfiguration bien plutôt qu'une création. (…) Les convertis de la gentilité diront d'une façon toute naturelle en parlant de ceux que nous appelons encore les Patriarches et les grands personnages de l'histoire juive : « nos pères, nos anciens » (ainsi Eusèbe, Hilaire, Ambroise, etc.) ; et dans notre prière liturgique nous supplions encore le Seigneur de transformer en fils d'Abraham la multitude des Gentils et de les acheminer tous *in israeliticam*

née, quand il donne ces « entretiens » sur la « prière de Jésus », Jean-Marie Lustiger, archevêque de Paris, est ainsi appelé à partager un trésor qui ne lui appartient pas même s'il en jouit depuis un demi-siècle : l'enracinement juif du christianisme, que certains de ses aînés parmi les « Gentils » ont incité l'Église à se « réapproprier » comme constitutif de sa Tradition et que lui-même a intuitivement perçu quand il a reçu le don de la foi alors qu'il se prénommait simplement Aron.

Ce que l'on trouvera donc ici, ce n'est pas du « judéo-christianisme » ni même un christianisme (re)judaïsé, mais l'œuvre d'un homme d'Église bien de son temps : au fait des travaux exégétiques (même si les spécialistes pourraient en rajouter dans l'érudition) et héritier du renouveau doctrinal et spirituel engendré par le développement des études bibliques et la redécouverte des Écritures jusque dans le catholicisme populaire après la crise moderniste.

Si l'on cherche une originalité, on la verra plutôt transparaître dans la radicalité du discours d'un homme qui ne récite pas ce qu'il a appris, mais se sait l'im-

dignitatem (cf. Is. 19, 23-25 ; Jr. 33, 38-42 » (réédition « Foi vivante », n° 13, 1965, p. 39-40). – Bien que tout cela soit indépendant, les réflexions de Maritain, Bouyer et Lubac sont pratiquement contemporaines de la découverte (en 1936 vraisemblablement) par le jeune Aron Lustiger de la « continuité entre ce que l'on appelle l'Ancien et le Nouveau Testament » (*Le choix de Dieu*, *op. cit.*, p. 32).

périeux devoir de partager ce qu'il vit et ce qui motive tout ce qu'il entreprend. L'unité et la cohérence de tout ce qu'il dit et fait découlent de celles de *tous* les textes des Écritures saintes qui s'éclairent réciproquement.

À la différence de Maritain, Bouyer et Lubac, le cardinal Lustiger a cependant conscience de n'être pas un auteur. Il n'empêche qu'il deviendra un écrivain (et sera même, alors qu'aucun de ces trois-là ne l'a été, élu à l'Académie française après avoir tout fait pour y échapper), en acceptant que sa position requiert que sa parole non seulement soit relayée dans des périodiques et par l'audiovisuel, mais encore cherche des échos dans la durée en se transformant en écrits réunis en volumes diffusés, traduits, réimprimés et réédités en format de poche.

Bien qu'il n'ait pas le temps d'y veiller personnellement jusque dans les moindres détails, comme il tenait à le faire pour tout ce qui relève directement de sa responsabilité, il admettra peu à peu que toute cette littérature publiée sous son nom et qu'il n'a pas de raison de désavouer, si elle s'écarte du modèle « moderne » du plumitif solitaire ambitionnant quelque audience en ce monde, rejoint celui, plus ancien, plus modeste et sans doute plus fécond, de ses prédécesseurs ecclésiastiques depuis l'Antiquité : tous ceux qui, en s'efforçant de répondre aux besoins et même aux demandes de leurs contemporains, ont laissé une « œuvre » dont la lecture demeure éclairante et profitable aujourd'hui.

Il concédera aussi que le livre – médium « frais » selon Marshall McLuhan –, « produit » moins périssable que la plupart des autres, utilisable à un rythme mieux maîtrisé, moins pressant que celui d'un journal, de la radio ou de la télévision – médias « chauds » –, est plus propice à la méditation et au détachement de l'immédiat que requièrent la vie spirituelle et la profondeur de pensée. Il reconnaîtra enfin que les idées qui alimentent l'actualité ne prennent que rarement forme dans les organes qui la gouvernent et sont plutôt empruntées à des moyens de communication capables de patienter sur des étalages de librairie, des rayons de bibliothèque et même d'archives.

C'est à cette épreuve du temps, de l'intérêt que pourra y trouver le lecteur et avant tout de la Providence que sont ici soumis, comme travail d'un auxiliaire du Semeur, ces « entretiens » sur la prière qu'il nous est donné chaque jour de faire nôtre.

Jean DUCHESNE
Exécuteur littéraire du
cardinal Lustiger

I

LA PRIÈRE DE JÉSUS

Souvent, nous partons de notre expérience – avec toutes ses limites – quand, pour trouver un enseignement sur la prière, nous scrutons les évangiles. Nous y recherchons des situations semblables aux nôtres – pour nous encourager. Le Christ, à l'écart, passe la nuit à prier.[1] Pourquoi pas nous, une fois ou l'autre ? Il participe à la prière liturgique juive, à la synagogue,[2] et, au cours du repas pascal rituel, sans doute il institue l'Eucharistie.[3] Voilà motivées notre participation à la prière liturgique et notre pratique sacramentelle. Nous voudrions que le Christ nous ressemble, et nous comparons ce que nous pouvons deviner de ses sentiments à nos sentiments à nous : il est fatigué par la

1 Luc 5, 16 ; 6, 12 ; 8, 18...
2 Luc 4, 31 ; 16, 10, etc.
3 Luc 22, 7-8.14.20.

route,[4] bouleversé par la mort d'un ami,[5] heureux de la joie de nouveaux mariés.[6]

Dans la vérité de la foi de l'Église, nous le croyons, Jésus, Fils de Dieu, vrai Dieu et vrai homme, s'est fait « semblable à ses frères ».[7] Il a été « éprouvé en tous points à notre ressemblance, mais sans péché ».[8] Comme l'avait prophétisé Isaïe, « ce sont nos souffrances qu'il a portées, nos douleurs qu'il a supportées ».[9]

Mais si nous nous en tenons à comprendre le Christ en nous comprenant nous-mêmes, à le connaître en nous connaissant nous-mêmes, à saisir le sens de sa vie à partir de notre vie, nous restons à mi-chemin.

Si le Christ est semblable à nous, c'est pour que nous devenions semblables à lui. S'il est notre frère en son humanité, c'est pour que nous devenions ses frères en ayant part à sa divinité. S'il partage notre condition humaine, c'est pour que nous ne fassions qu'un avec lui et devenions enfants de Dieu. « Celui qui n'avait pas connu le péché, Dieu l'a pour nous identifié au péché afin que par lui nous devenions justice de Dieu ».[10]

4 Jean 4, 6.
5 Jean 11, 35.
6 Jean 2, 2.
7 Hébreux 2, 17.
8 Hébreux 4, 15.
9 Isaïe 53, 4.
10 2 Corinthiens 5, 21.

La prière chrétienne ne consiste pas à trouver – fût-ce dans la vie de Jésus – des références pour justifier ce que nous faisons, mais à laisser le Christ nous saisir par la main, à apprendre à prier comme il prie, à être conduits avec lui là où nous n'oserions pas aller, à avancer dans un type d'existence pour nous inouï.

Il est le Chemin d'une Vie nouvelle qu'il nous faut accueillir, d'une Vérité qu'il nous révèle [11] dans le don qu'avec le Père il nous fait de l'Esprit Saint. Prier à la manière chrétienne, c'est entrer dans un mode de vie que nous ne pouvions pas même soupçonner avant de l'avoir expérimenté.

Le « Notre Père » est le centre de l'enseignement de Jésus sur la prière. Pourquoi ces phrases, si condensées, si belles, sont-elles mises sur nos lèvres par le Christ ? Comment les faire correspondre à nos besoins, à nos désirs, à ce qui nous habite ? Si nous mettons dans chaque demande la somme de toutes les expériences humaines possibles, nous sommes vite mal à l'aise. Le « Notre Père » résiste. Pourquoi Jésus n'a-t-il dit que cela ? Ou tout cela ?

À nos questions, voire à notre insatisfaction, une seule réponse : le « Notre Père » est la prière de Jésus lui-même, *sa* prière. « Il était un jour quelque part en

11 Voir Jean 14, 6.

prière. Quand il eut fini, un de ses disciples lui dit : “Seigneur, apprends-nous à prier comme Jean [le Baptiste] l’a appris à ses disciples”. Il leur dit : “Quand vous priez, dites…” ».[12]

Jésus communique sa propre manière de prier. La clé du « Notre Père » est de saisir ce que veulent dire ces mots pour Jésus lui-même. Tout l’effort de la prière chrétienne consiste à entrer dans les vues de Jésus quand il prie « son Père et notre Père »,[13] à comprendre ce qu’il comprend, à demander ce qu’il demande, à rendre grâce de ce pour quoi il rend grâce.

Vous me direz : « C’est insensé ! C’est moi qui prie. C’est *ma* prière ». Eh bien, votre prière, notre prière, ta prière si tu es chrétien, c’est la prière du Christ. L’originalité de la prière chrétienne est de partager la prière même du Christ, lui qui, « de condition divine, s’est dépouillé (…), prenant la condition de serviteur, devenant semblable aux hommes (…), obéissant jusqu’à la mort sur une croix (…). C’est pourquoi Dieu l’a souverainement élevé ».[14]

12 Luc 11, 1 et suivants.
13 Jean 20, 17.
14 Philippiens 2, 6-9.

II

UN COMBAT, MAIS AVEC L'AIDE DE L'ESPRIT SAINT

Prier, pour un chrétien, c'est ne faire qu'un avec le Christ. Voilà pourquoi Jésus ne dissocie pas l'invitation à prier de l'appel à le suivre, à « marcher derrière lui ». Cette manière de désigner en hébreu le disciple [1] est lourde de signification quand le maître est Jésus ! Car il ne va pas ici ou là au gré des circonstances. Venue l'heure, il tourne ses pas vers Jérusalem avec une détermination, une fermeté qu'il traduit sur son visage, comme le précise Luc dans son évangile.[2]

Suivre le Christ, c'est monter avec lui à Jérusalem et partager sa Passion. « Nous t'avons suivi », reconnaît Pierre.[3] Jésus, prenant les Douze avec lui, leur dit : « Voici que nous montons à Jérusalem et que va s'ac-

1 En hébreu, le mot *limoud* (*mathètès* en grec, *discipulus* en latin) implique non la simple appropriation de compétences, mais une relation personnelle et transformante au maître, en prenant à sa suite le même chemin [NdE].

2 Luc 9, 51.

3 Luc 18, 28.

complir tout ce que les prophètes ont écrit au sujet du Fils de l'homme. Il sera livré... ».[4]

À Gethsémani, Jésus prend avec lui Pierre, Jacques et Jean, témoins privilégiés de sa Transfiguration,[5] et il leur dit : « Mon âme est triste à en mourir. Demeurez ici et veillez avec moi ».[6]

Il les associe à sa prière, qui est un *combat* – selon le sens premier du mot « agonie » en grec, employé par saint Luc.[7] Dans ce combat, tout son être, toutes ses forces sont engagées.

Le Christ réclame la présence de ses disciples. Mais ce n'est pas pour être soutenu, puisqu'il « s'éloigne d'eux d'environ un jet de pierre », précise l'évangéliste. Il leur commande de prier pour les faire entrer dans son chemin, dans sa prière, dans son obéissance qui est l'acte d'une liberté durement enfantée : « Abba, Père ! À toi tout est possible. Écarte de moi cette coupe. Pourtant, non pas ce que je veux, mais ce que tu veux ».[8]

Les disciples s'endorment. Jésus les réveille. Comment comprendre cela ? C'est bien plus qu'une leçon de prière qui nous est donnée à partir de la réaction

4 Luc 18, 31-32.
5 Luc 9, 28-36.
6 Marc 14, 32-34.
7 Luc 22, 44.
8 Marc 14, 36.

des apôtres, car Jésus nous fait une révélation pleine de miséricorde.

Les disciples sont pris par la torpeur face à l'insupportable : refus total de tout le corps, mais aussi repliement sur soi-même et vigilance en défaut dans ce combat spirituel qu'est la prière. Jésus les secoue : « Vous n'avez pas eu la force de veiller une heure avec moi ! Veillez et priez afin de ne pas tomber au pouvoir de la tentation. L'esprit est plein d'ardeur, mais la chair est faible ».[9]

« *L'esprit* » ? C'est la fine pointe de la liberté qui se remet entre les mains de Dieu.

« *La chair* » ? C'est la condition de l'homme pécheur, qui, devant une telle offrande de sa vie, un tel pas à franchir, se dérobe à la volonté de Dieu.

Par trois fois, les apôtres capitulent et succombent à ce sommeil qui est un simulacre de la mort. Jésus, seul, reste éveillé dans une prière de combat pour affronter la mort et la vaincre.

Et nous ? Le Christ n'est plus là pour nous prendre par la main quand, tels les disciples à Gethsémani, nous renâclons pour entrer dans sa prière. Non, mais le Christ a souffert, il est mort, il est ressuscité et il

9 Matthieu 26, 40.

nous a fait le don de l'Esprit Saint – l'Esprit des enfants de Dieu, qui nous permet de partager sa prière.

Il n'est de prière chrétienne qu'ancrée dans la communion au mystère du Christ et habitée par l'Esprit qui ouvre notre volonté à la mesure du vouloir du Fils de Dieu fait homme.

Saint Paul écrit aux chrétiens de Rome : « L'Esprit vient en aide à notre faiblesse, car nous ne savons pas prier comme il faut, (...) cet Esprit qui fait de nous des fils adoptifs et par lequel nous crions : "Abba ! Père !" comme le Christ ».[10]

C'est l'Esprit Saint qui transforme le chrétien en un autre Christ. De cet Esprit du Père et du Fils, il reçoit la force de prier de la prière même du Christ et de dire : « Que ta volonté soit faite ».

10 Romains 8, 15.26.

III

UN TEXTE LITURGIQUE

Prier s'apprend. Comme tout homme, Jésus a appris à prier. De sa Mère, la Vierge Marie, et de ses maîtres à Nazareth, il a reçu les mots et les gestes de sa prière. Le « Notre Père » en est la preuve.

À ses apôtres qui lui demandent de leur apprendre à prier, Jésus donne un résumé qui reprend les prières liturgiques juives usuelles. C'est une pratique courante des rabbis pour guider la prière de chacun. Mais ce résumé est donné par Jésus lui-même, et il ne fait pas là qu'emprunter des formules aux prières qu'il a reçues, car il livre le secret de sa propre prière. C'est la « prière dominicale », en ce sens premier qu'il s'agit de *la* prière *du Seigneur* (en latin *Dominus*) en toute circonstance – et pas seulement la prière du dimanche, c'est-à-dire du « jour du Seigneur ».[1]

1 Le mot français « dimanche » vient en effet du latin *dies dominicus* = jour dominical ou du *Dominus* (Seigneur) [NdE].

Quand nous récitons le « Notre Père », nous prions ainsi avec les mots que Jésus a appris de Marie, sa Mère, et qui sont des mots de la foi du peuple d'Israël. Mais ce sont en même temps des mots qui nous font communier à ce qui habite le Cœur du Christ priant son Père des cieux, puisque l'Esprit Saint nous rend semblables au Fils unique.

Le Christ ne prie pas uniquement quand il se retire à l'écart : lorsqu'il parle ou agit, c'est en étroite relation avec son Père par l'Esprit, donc dans la prière. C'est pourquoi ses paroles et ses actes les plus décisifs revêtent une forme liturgique, et ils se retrouvent tels quels dans les sacrements de l'Église, dans sa liturgie et dans sa prière, dont le « Notre Père » est comme le centre.

Au cours des siècles, la liturgie de l'Église a été façonnée par la diversité des langues, chacune étant l'expression d'une culture. La liturgie n'a donc pas cessé d'évoluer avec la manière de vivre des peuples. Mais, dans une fidélité mimétique (comme le dit saint Paul [2]), toute liturgie chrétienne reprend exactement les attitudes, les paroles et les gestes du Christ dont le « Notre Père » offre le condensé.

2 1 Corinthiens 11, 2.

Nous prions aujourd'hui comme le Christ a prié. Bien plus, le Christ continue de prier aujourd'hui par nos lèvres. À partir du « Notre Père », l'Écriture sainte, la Parole de Dieu doit devenir pour tout fidèle du Christ une nouvelle langue maternelle. De même, les gestes rituels que le Christ a accomplis et qui expriment sa prière doivent s'inscrire dans notre sensibilité et notre mémoire comme les symboles fondateurs de notre existence chrétienne.

Ainsi, dans l'Eucharistie, nous partageons la prière de Jésus. Quand il célèbre sa dernière Pâque avec ses disciples, il scelle la Nouvelle Alliance.[3] En ce rite qui unit ceux qui le célèbrent à l'événement de la sortie d'Égypte, le Verbe de Dieu fait chair offre d'avance sa vie en sacrifice de louange. En sa Passion et par sa Résurrection, elle sera agréée par Dieu en holocauste de rédemption. L'Esprit Saint la livre aux chrétiens sous les espèces sacramentelles du pain et du vin et leur fait dire à la suite de Jésus avant d'y communier : « Notre Père... ».

Ainsi encore, lorsque Jésus est baptisé par Jean, le Précurseur, il est en prière.[4] La profondeur inimaginable de cet événement mystique nous est dévoilée par

[3] Voir Jean-Marie LUSTIGER, *La messe*, chapitre II : « Référence à ce que Jésus accomplit » (Bayard, réédition 2009, p. 23-33) [NdE].

[4] Luc 3, 21 : « Au moment où Jésus, baptisé à son tour, se trouvait en prière... ».

la voix du Père qui se fait entendre, révélant dans la manifestation de l'Esprit le Fils bien-aimé.

Il en va de même lors de la Transfiguration devant Pierre, Jacques et Jean qui, quelques mois plus tard, seront les témoins endormis de sa prière d'agonie. La remarque de Pierre alors : « Si tu le veux, je vais dresser trois tentes, une pour toi, une pour Moïse, une pour Élie »,[5] est une allusion à la liturgie de la fête des Tabernacles[6] qui se déroulait ces jours-là.

On pourrait repérer encore bien d'autres moments de la vie du Christ où apparaît sa participation à la tradition liturgique de son temps et de son pays : de la prière hebdomadaire à la synagogue aux grandes célébrations au Temple de Jérusalem.

Si ces fêtes et ces prières sont restées dans notre calendrier liturgique chrétien, c'est en référence au mystère du Christ. Nous célébrons le Christ fêtant ces fêtes, à sa manière unique de Fils de Dieu. Nous célébrons la Pâque, mais c'est la Pâque de Jésus célébrant la Pâque : Agneau de Dieu qui enlève le péché du monde, il nous invite au festin de ses Noces et nous associe à son action filiale de grâce et de louange.

5 Matthieu 17, 4.

6 La fête des Tentes ou des Tabernacles (*Soukkot*) commémore l'aide que les Israélites ont reçue de Dieu pendant leur long exode dans le désert après leur sortie d'Égypte [NdE].

IV

L'ÉCLAIRAGE D'UNE AUTRE PRIÈRE DE JÉSUS

À un moment central des récits évangéliques : le retour de mission des soixante-douze disciples, Jésus prie à haute voix. Pour entrer dans ce qu'il pense, veut et demande, pour mieux comprendre le « Notre Père » qu'il enseigne à ses fidèles, reprenons cette prière[1] :

« Jésus exulta sous l'action de l'Esprit Saint ». Toute prière au Père, même dans la sainte humanité de Jésus, est une action de l'Esprit Saint. Son fruit, c'est l'action de grâce. Souvenez-vous du début du *Magnificat* : « Mon âme exalte le Seigneur. Exulte mon esprit en Dieu, mon Sauveur ».[2]

« Je te bénis, Père, Seigneur du ciel et de la terre », c'est-à-dire : créateur et maître de toutes choses. La ressemblance de cette expression avec celles du début du

1 Matthieu 11, 25-27 ; Luc 10, 21-24.
2 Luc 1, 47.

« Notre Père » montre leur source commune : la prière juive de bénédiction et de louange.

« Je te bénis d'avoir caché cela aux sages et aux intelligents et de l'avoir révélé aux tout-petits », autrement dit : aux nouveau-nés, ceux qui sont nés à nouveau, re-nés de l'Esprit,[3] engendrés par Dieu pour devenir ses fils en toute vérité. Voilà pourquoi le mot « Père » est si important dans la prière du Fils unique de Dieu. Voir en ses disciples des « nouveau-nés », c'est pour Jésus lui-même un motif d'action de grâce et d'exultation dans l'Esprit Saint.

« Oui, Père, c'est ainsi que tu en as disposé dans ta bienveillance ». Avec ces termes d'une concision extrême, Jésus va nous livrer le secret de l'amour qui est en Dieu et qui nous est révélé dans le Christ, le Fils de Dieu fait homme.

« Tout m'a été remis par mon Père ». Non pas le « tout » de ce que l'homme peut désirer d'un désir toujours inassouvi et dans une possession avide des choses. Mais le « tout » de la richesse du Royaume : la vie divine elle-même. Dans cette gratuite remise, dans ce don sans réserve de la Vie qui est Dieu et qui vient de Dieu, le Christ reçoit absolument tout.

3 Voir Jean 3, 6.

Il est le Fils précisément parce qu'il reçoit tout du Père. Là se cache le secret de l'amour et de la vie des enfants appelés par grâce à partager la condition divine du Fils de Dieu.

« Nul ne connaît qui est le Fils si ce n'est le Père, ni qui est le Père si ce n'est le Fils... ». La prière de Jésus se heurte ici de front à notre méconnaissance de Dieu – à notre incrédulité, à notre idolâtrie, à l'athéisme d'aujourd'hui comme à celui du passé. À ce moment, par sa prière, Jésus lui-même nous dévoile qui est son Père. Jésus nous ouvre le domaine, inaccessible à l'homme handicapé par le péché, de l'amour qui est Dieu et pour lequel l'homme est fait. Entrer dans la prière du Christ, c'est entrer dans la relation du Père avec le Fils et du Fils avec le Père.

« ...et celui à qui le Fils veut bien le révéler », non par choix arbitraire, mais par « bienveillance », par amour sans mesure. Car toute révélation de Dieu est don gratuit, signe et proposition d'amour faits à l'homme qui prie.

Je vous dis cela pour que nous nous réveillions, nous qui dormons, comme Pierre, Jacques et Jean à Gethsémani,[4] ou qui, comme eux lors de la Transfiguration, sommes effrayés ou ne savons plus ce que

4 Marc 14, 33-41.

nous disons.[5] Chaque fois que s'éveille en nous le désir de prier, c'est le Christ qui agit en nous par son Esprit. Loin d'être une ascension difficile, une héroïque prouesse pour nous hisser à la force du poignet dans les zones de la spiritualité qui sont hors de la portée du commun des mortels, la prière chrétienne est une lame de fond qui nous transporte jusqu'où nous n'osions pas regarder : l'amour du Christ nous fait entrer gratuitement dans la communion du Père.

Avant de s'adresser à son Père et de le prier, Jésus avait confié à ses disciples en les accueillant au retour de leur mission : « Je voyais Satan tomber du ciel comme l'éclair ».[6] Cette confidence du Christ révèle le combat spirituel qui traverse le cœur de l'homme et où les apôtres par leur ministère permettent la victoire. Jésus prie pour les hommes afin que, « par lui, avec lui et en lui », ils l'emportent sur les forces du Mal.

Jésus exulte et rend grâce quand les enfants de Dieu entrent, libres et résolus, dans le secret de l'amour du Père.

5 Luc 9, 33-34.
6 Luc 10, 18.

V

DIRE : « NOTRE PÈRE... »

Dans quel état d'esprit sommes-nous quand nous voulons prier et que les premiers mots qui nous viennent sont ceux que Jésus a enseignés à ses disciples : « Notre Père... » ?

À qui nous adressons-nous ? Le ciel paraît vide. Dieu semble insaisissable. Entend-il ? Existe-t-il seulement ? Notre foi, condition de la prière, n'est-elle qu'un cri sans écho dans la nuit ? Le malheur demeure. Les coups qui frappent les hommes sont inesquivables. Dieu va-t-il y remédier ? À quoi bon prier ? Reste-t-il une espérance, et si oui laquelle ? Dans un monde sans amour, comment aimer Dieu que l'on ne voit pas, alors que l'on aime si mal ses frères que l'on voit [1] ?

La prière est un défi. Elle est épreuve de la foi dans un monde oublieux de Dieu. Elle est épreuve de l'espé-

[1] Voir 1 Jean 4, 20 [NdE].

rance dans la condition souffrante. Elle est épreuve de l'amour qui doit purifier les cœurs de la haine.

Jésus nous incite à affronter ce défi et à surmonter ces épreuves. Il nous dit : « Vous donc, priez ainsi : "Notre Père..." »,[2] et non comme les païens qui répètent des mots ni comme les hypocrites qui se font voir. Les disciples, eux, savent que « le Père voit dans le secret ».[3]

Dans l'Ancien Testament, lors de trois grandes fêtes de pèlerinage,[4] Israël montait au Temple pour « être vu de Dieu »,[5] pour entrer dans le secret de Dieu. La prière du Christ nous place sous le regard du Père des cieux, nous mettant dans une intimité avec Dieu tout autrement que le grand-prêtre accédant seul, une fois l'an, dans le Saint des Saints.[6]

Pour parler du Père, Jésus – et lui seul – dit : « Mon Père », ou simplement : « *Abba*, Père ».[7] Mais il ajoute : « *et votre* Père ».[8] Dès lors, la formule juive habituelle :

2 Matthieu 6, 9.
3 Matthieu 6, 5-8.
4 *Pessah* (Pâque), *Chavouot* (don de la Loi au Sinaï) et *Soukkot* (Tabernacles) [NdE].
5 Le passif du texte hébreu et grec atténue l'anthropomorphisme : « voir la face de Dieu ». Voir la note de la TOB (Traduction œcuménique de la Bible) sur Exode 23, 17.
6 Pour le *Yom Kippour* (Jour des Expiations), voir Lévitique 16 et Hébreux 9, 6-14 [NdE].
7 Matthieu 7, 21, etc.
8 Jean 20, 17 ; Matthieu 5, 16 ; Marc 11, 25 ; Luc 6, 38, etc.

« Notre Père », se trouve chargée d'un sens original dont Jésus, après la Cène, révèle à ses apôtres la profondeur nouvelle.

« Je ne vous laisserai pas orphelins »,[9] leur dit-il. Par le don de l'Esprit, l'autre Paraclet,[10] Jésus nous introduit dans son intimité avec le Père des cieux. Nous aurons Dieu pour Père. Notre prière sera toujours entendue du Père. « Tout ce que vous demanderez en mon nom », c'est-à-dire en fils dans le Fils, « je le ferai de sorte que le Père soit glorifié dans le Fils ».[11]

Quand nous disons : « Notre Père... », par la force de l'Esprit Saint qui nous habite, nous ne faisons qu'un même être avec Jésus ; nous partageons l'intimité de Jésus avec son Père.

Certes, direz-vous. Mais lorsque je me retrouve devant mon peu de foi, mon peu d'espérance, mon peu d'amour, ma douleur ou bien ma sécheresse, comment franchir ces obstacles de ma vie quotidienne ?

– « *Ma foi trébuche. Vers qui monte ma prière ?* » Quand je dis : « Notre Père... », je le dis avec mes frères, avec tous les chrétiens de par le monde, mais aussi et d'abord

9 Jean 14, 18.
10 Jean 14, 16. Paraclet signifie « intercesseur ». L'Esprit Saint vient intercéder pour les disciples de Jésus après le départ de celui-ci [NdE].
11 Jean 14, 13.

avec Jésus lui-même, notre frère, qui nous donne le pouvoir d'appeler son Père « notre Père ». Les mots que je balbutie dans le noir nourrissent la prière de tous les enfants de Dieu. Jésus, le Fils unique, combat en moi contre le doute et l'infidélité de mon intelligence obscurcie. Comme Pierre hésitant – « Homme de peu de foi, pourquoi as-tu douté ? » [12] –, il me prend par la main, me fait avancer au-delà de l'épreuve qui me paralyse.

– *« Mon espérance chancelle sous le poids de la misère et des difficultés. Dieu va-t-il remédier à tout cela ? »* « Ta fille est morte, dit-on à Jaïre. N'ennuie plus le maître ».[13] Mais prier est un acte d'espérance qui nous unit au Christ rédempteur, à l'Agneau de Dieu qui porte le péché du monde,[14] au Serviteur qui prend sur lui notre souffrance,[15] au Verbe fait chair qui, en agonie à Gethsémani, se remet totalement au Père[16].

– *« L'amour nous semble une chimère ? »* Si nous prions notre Père, nous ouvrons notre cœur à l'amour même de Jésus et nous recevons la grâce d'aimer.

12 Matthieu 14, 31 [NdE].
13 Luc 8, 49.
14 Jean 1, 29 [NdE].
15 Isaïe 52, 13-53, 12 [NdE].
16 Luc 23, 42 [NdE].

VI

« … QUI ES AUX CIEUX, QUE TON NOM SOIT SANCTIFIÉ »

« Notre Père qui es aux cieux » : cette phrase permet, conformément à la piété juive, de nommer Dieu sans prononcer son Nom – le tétragramme divin révélé à Moïse.[1] « Aux cieux » : c'est-à-dire qui n'est pas de ce monde, qui est au-dessus de tout monde. Aucune paternité en ce monde ne peut être confondue avec le Créateur, notre Père céleste. Pourtant, il est tout proche des hommes qu'il a créés et appelés à partager sa vie. Au contraire, comme l'écrit saint Paul, « toute paternité au ciel et sur la terre tire son nom »,[2] sa réalité de notre Père « le céleste » (selon l'expression de saint Matthieu[3]).

1 Exode 3, 13-14. Le tétragramme divin JHVH, qui a donné « Yahvé » (et aussi « Jéhovah »), est une forme archaïque du verbe « être » [NdE].
2 Éphésiens 3, 15.
3 Des deux évangélistes qui rapportent le « Notre Père », seul Matthieu (6, 9) précise : « Notre Père *qui es dans les cieux* ». Luc 11, 2-4 omet de plus, par rapport à Matthieu 6, 9-13, « que ta volonté soit

« Que ton Nom soit sanctifié ». L'emploi du passif est en hébreu une manière respectueuse de désigner Dieu qui agit. Chacune des demandes du « Notre Père » fait donc appel à l'action de Dieu et semble audacieusement donner des ordres à Dieu pour qu'il agisse selon *sa* volonté ! Cependant, ma prière me fait souvent épancher *mon* âme devant Dieu. Or, le psalmiste le reconnaît : « Seigneur, tu perces de loin mes pensées (...). La parole n'est pas encore sur ma langue et déjà tu la sais tout entière »,[4] et Jésus nous le confirme : « Votre Père sait ce dont vous avez besoin ».[5]

Quand je dis comme Jésus l'enseigne : « Notre Père... » (et non pas « *mon* Père »), je n'attire pas sur moi l'attention de Dieu, mais j'entre dans la prière *de Jésus*, qui me donne l'audace de manifester le dessein de Dieu dans mon obéissance de fils. M'offrir ainsi à Dieu avec Jésus, c'est lui donner barre sur moi, afin qu'il accomplisse en moi ce qu'il veut de moi « pour le salut du monde ».

« Que ton Nom... ». Qu'est-ce que le « Nom de Dieu » ? Celui que Dieu a révélé à Moïse : « Je suis qui

---

faite sur la terre comme au ciel » et « mais délivre-nous du Mal » [NdE].

4 Psaume 139 (138), 2.4.

5 Matthieu 6, 8.

je suis. Je suis celui qui suis ».[6] Dieu n'appartient pas à la catégorie « Dieu » dont il serait un spécimen remarquable ou représentatif. Il est le seul à porter ce nom. Il est l'Unique.[7] Dieu seul est Dieu, comme le rappelle Néhémie : « Que l'on bénisse ton Nom glorieux qui surpasse toute bénédiction et louange. C'est toi qui es le Seigneur : toi seul tu as fait les cieux et la terre ».[8]

Le Nom mystérieux est au début et au terme de la Révélation de Dieu aux hommes. Nous ne le comprendrons qu'au bout de la route, quand « nous verrons face à face »[9] « Celui qui est », qui nous fait exister et qui est « avec nous » jusqu'à la fin des temps. Le Nom est une des nombreuses manières de parler de Dieu sans prononcer les quatre lettres révélées : JHVH.[10]

« ...soit sanctifié ». Pour souligner l'action de Dieu, on dit qu'il « sanctifie son Nom ». Ainsi, dans le Lévitique, Dieu demande : « Vous garderez mes commandements et vous les mettrez en pratique. C'est moi le Seigneur. Vous ne profanerez pas mon saint Nom, afin que je sois sanctifié au milieu des enfants d'Israël ».[11] Au Sinaï, la liturgie de l'Alliance est en même temps

6 Exode 3, 14.
7 Deutéronome 6, 4.
8 Néhémie 9, 5-6.
9 Voir Psaume 42-43 (41-42), 3 et 1 Corinthiens 13, 12.
10 Voir ci-dessus la note 1 sur le tétragramme divin [NdE].
11 Lévitique 22, 31-32.

Révélation de Dieu et don de sa Loi – de ses commandements.

Quand nous demandons à Dieu de sanctifier son Nom, nous lui demandons d'accomplir ce qu'il nous demande de faire. Dieu, le Saint,[12] veut communiquer sa sainteté, sa radicale plénitude de vie et d'amour. Pour ce faire, il donne ses commandements. Quand les hommes les vivent, ils sanctifient le Nom de Dieu et Dieu sanctifie son Nom quand, à ceux qu'il a choisis, il permet de faire ainsi sa volonté.

L'espérance de la sainteté est au centre de notre prière. Ni attente chimérique, ni présomption du genre : « Moi, je vais être un saint ! » Mais acte de foi en Dieu qui accomplit son œuvre de sainteté en nos vies pécheresses : « Tu peux sanctifier ton Nom dans l'homme pécheur que je suis pour te révéler à tous les hommes, ô notre Père ».

C'est ce que le Seigneur nous annonce par la bouche du prophète Ézéchiel : « Je montrerai la sainteté de mon grand Nom qui a été profané parmi les nations, Parole du Seigneur. Alors elles connaîtront que je suis le Seigneur quand j'aurai montré ma sainteté en vous à leurs yeux ».[13]

12 Voir Isaïe 6, 3.
13 Ézéchiel 36, 23.

VII

« NOM SANCTIFIÉ » EN NOUS POUR QUE LE MONDE CROIE

La première demande du « Notre Père », « que ton Nom soit sanctifié », nous fait prendre une conscience aiguë de ce que Dieu se révèle en même temps qu'il appelle à la sainteté. Car Dieu se fait connaître à l'homme pour le rendre semblable à lui en lui donnant d'accomplir sa volonté sainte et de vivre divinement. Ainsi, Dieu « sanctifie son Nom » et achève, en ce sens transformant, son œuvre de révélation.

C'est dans son Fils qu'il manifeste pleinement qui il est dans sa sainteté et que resplendit la gloire de son Nom.[1] En effet, seul Jésus, venu de Dieu, Parole de Dieu faite chair, accomplit parfaitement la volonté de Celui qui l'a envoyé.[2] « Il faut que le monde sache, dit

1 La sainteté de Dieu a été définie dans l'entretien précédent comme « radicale plénitude de vie et d'amour », et sa « gloire » peut être comprise comme la manifestation de cette sainteté [NdE].

2 Voir Jean 4, 34.

Jésus, que j'aime mon Père et que j'agis conformément à ce que le Père m'a prescrit ».[3]

Avant la dernière Pâque de Jésus, « des Grecs, montés à Jérusalem adorer Dieu à l'occasion de cette fête, disent à Philippe : "Nous voudrions voir Jésus" ».[4] Cette demande pousse Jésus à rendre grâce à son Père. Il reconnaît là le premier signe de la manifestation de la gloire de Dieu aux païens.

C'est pourquoi il prie à haute voix : « Elle est venue, l'heure où le Fils de l'homme doit être glorifié ».[5] Dans l'offrande de sa vie, Jésus révèle la sainteté du Père « qui a livré son propre Fils pour nous tous ».[6] Mais à cette perspective de sa Passion, le Christ frémit et implore : « "Père, sauve-moi de cette heure ! Cependant, c'est pour cette heure que je suis venu. Père, glorifie ton Nom". Alors une voix vint du ciel : "Je l'ai glorifié et je le glorifierai encore" (...). "Ce n'est pas pour moi, reprend Jésus en s'adressant à la foule, mais *pour vous* que cette voix retentit" ».[7]

De même, c'est pour nous qu'après la dernière Cène avec ses apôtres, Jésus fera cette prière d'action

3 Jean 14, 31.
4 Jean 12, 20 et suivants.
5 Jean 12, 23 [NdE].
6 Romains 8, 32.
7 Jean 12, 27-28.30 [NdE].

de grâce : « Père, j'ai manifesté ton Nom aux hommes (...). J'ai été glorifié en eux parce qu'ils ont reconnu que tu m'as envoyé ».[8]

Dieu est glorifié dans le Christ et le Christ en ses disciples si, faisant la volonté du Père, ils manifestent dans la condition humaine, en dépit de leurs péchés, la puissance divine d'aimer. « Aimez-vous les uns les autres comme je vous ai aimés, a commandé Jésus. À ceci tous vous reconnaîtront pour mes disciples ».[9]

Donc prier Dieu « que son Nom soit sanctifié », c'est ne faire qu'un avec le Fils et demander au Père : « Seigneur, toi qui te révèles à nous, toi qui nous donnes ta loi de sainteté, nous te prions : fais-nous agir, nous tes fils, selon ta volonté, par amour. Manifeste en nous-mêmes ta sainteté aux yeux des nations.[10] Peuple choisi des fils dans le Fils, nous sommes "le peuple que Dieu s'est acquis : communauté sacerdotale de rois, nation sainte" ».[11]

Dieu se révèle à toutes les nations quand il « sanctifie son Nom » en ses enfants qui l'en prient.

Vous rendez-vous compte de ce prodige ? Nous sommes pécheurs, nous le savons, et nous ne méri-

8 Jean 17, 6 et suivants.
9 Jean 13, 34-35.
10 Voir Ézéchiel 36, 33.
11 1 Pierre 2, 9.

tons pas d'être aimés de Dieu. Et pourtant, nous osons dire : « Seigneur, nous t'en prions, que ton Nom soit sanctifié en nous pour que le monde croie que tu as envoyé ton Fils ».[12]

« Que ton Nom soit sanctifié » : quelle vertigineuse prière ! Nous accueillons la révélation du Nom de Dieu et la révélation de sa volonté sur nous. La sainteté est notre vocation. La sainteté vient de Dieu qui nous sanctifie par son Esprit. C'est pourquoi nous demandons au Père la source de la sainteté : l'Esprit Saint.

Et, en priant ainsi, nous nous en remettons à l'action de Dieu pour sa plus grande gloire et le salut de tous les hommes.

12 Voir Jean 17, 21.

VIII

« QUE TON RÈGNE VIENNE »

Quand nous disons : « Que ton règne vienne », il serait naïf d'imaginer que nous demandons à Dieu de veiller à l'expansion du christianisme sur la mappemonde, comme le ferait un chef d'entreprise lancé à la conquête du marché mondial.

Rappelez-vous la prédication de Jean-Baptiste : « Convertissez-vous. Le règne des cieux s'est rapproché. Le règne de Dieu est là ».[1] Jésus à son tour proclame que le règne de Dieu est présent.[2] Il envoie ses disciples annoncer la même Nouvelle et il leur donne le pouvoir d'accomplir des signes qui l'attesteront.[3]

Pour éclairer l'opposition entre cette affirmation proposée à notre foi : « Le règne de Dieu est venu », et cette demande de notre prière : « Que ton règne vienne », voyons ce que signifie l'expression « règne

[1] Matthieu 3, 2.
[2] Matthieu 4, 17.
[3] Matthieu 10, 7.

de Dieu ». Ce moment où Dieu manifeste qu'il est le Maître, le Roi du monde, sans jamais se substituer aux souverains humains, comble enfin l'espérance du peuple croyant, réalise enfin « la promesse faite à nos pères ».[4]

Comment se manifeste le règne de Dieu ?

D'abord par le pardon des péchés. Sommes-nous habitués au pardon de Dieu ? Pourquoi notre conscience est-elle comme insensible au « poids du péché »[5] ? Aurions-nous reçu en vain la révélation de la sainteté de Dieu et de la dignité de l'homme appelé à la partager ? La grandeur de la liberté qui nous a été donnée nous aveugle-t-elle sur sa fragilité ?

Et pourtant, le mal que nous accomplissons contre autrui, contre nous-mêmes, contre Dieu ne peut pas être « réparé » comme nous réparons les dégâts d'un accident matériel. Car le péché a une bien plus redoutable conséquence : le mal fait, le péché, est désormais inscrit dans notre histoire. Une blessure est une blessure et une trahison est une trahison, un meurtre est un meurtre, un vol est un vol et un mensonge est un mensonge.

Dieu seul peut donner un pardon qui n'est pas oubli, coup d'éponge, amnistie, sursis ni même remise de peine.

4 Luc 1, 55.
5 Psaume 32 (31), 5.

Le pardon de Dieu est une nouvelle création de ce qui a été détruit. Seul Dieu, le Créateur, peut pardonner, c'est-à-dire rendre la vie à l'homme qui, par cet acte de destruction qu'est tout péché, est devenu prisonnier de la mort.

Ensuite par la résurrection des morts. La mort, « salaire du péché »,[6] est vaincue. La mort, cet ennemi inexorable de toute existence humaine, est le point de non-retour dont nul homme ne fait l'expérience : on se sent mourir peut-être, mais on ne se sait pas mort.

En-deçà et au-delà de notre mort, Dieu notre Père nous fait devenir un être pour la vie par la résurrection.

Puis par le don de l'Esprit Saint. Déjà le pardon des péchés et la résurrection des morts sont l'œuvre de l'Esprit. Répandu en nous pour nous vivifier et nous sanctifier, l'Esprit de Dieu nous donne de vivre dans la fidélité à Dieu, selon sa volonté sainte.

Le règne de Dieu, c'est la « justice », la sainteté accomplie dans une existence humaine.

C'est aussi un terme mis au scandale de la souffrance des justes, de ceux qui vivent, jusqu'au martyre parfois, l'Évangile du Christ. Quand le règne de Dieu arrive, la logique du bien, du vrai, du beau se déploie ; le mal est dévoilé, dénoncé, jugé.

6 Romains 6, 23.

Triomphe de la justice de Dieu qui essuie les pleurs des innocents et conforte les justes : l'amour qu'ils ont vécu, leur vie qu'ils ont donnée n'ont pas été perdus, mais sont devenus joie de Dieu et salut du monde.

Espérance folle, diront les païens. Espérance chimérique, diront les incrédules. Non. C'est le règne de Dieu qui vient : « Vous connaîtrez que je suis le Seigneur. Je mettrai mon souffle en vous et vous vivrez ».[7]

Enfin, c'est aussi « le règne de Dieu sur les nations païennes ».[8]

7 Ézéchiel 37, 13-14.
8 Psaume 47 (46), 9.

IX

« LE RÈGNE DE DIEU EST LÀ »

Oui, le règne de Dieu demandé, espéré, attendu, c'est aussi son règne parmi les païens, les nations qui ne connaissent pas Dieu, l'Unique.

La question que nous nous posons au sujet de l'incroyance est déjà présente à la conscience d'Israël : comment, pourquoi Dieu, le Seigneur du monde, n'est-il pas adoré par tous les hommes ? C'est parce qu'ils sont prisonniers de leurs idoles. L'obscurcissement de leur intelligence, l'endurcissement de leur cœur les enferment dans leur péché. Ils sont esclaves de l'Adversaire des hommes, homicide depuis le commencement.

Dieu fera venir son règne en délivrant l'homme de l'impuissance où il se trouve à le connaître. Le peuple choisi deviendra fidèle et saint. Comme le dit Jérémie, « ils ne s'instruiront plus entre compagnons, entre frères, répétant : "Apprenez à connaître le Seigneur", car ils me connaîtront tous, petits et grands. Je leur pardonne leur crime ».[1]

Bien plus, toutes les nations accéderont à la connaissance du Dieu vivant et vrai, et elles participeront, dans la communion au Dieu trois fois saint, à la même sainteté. Car Dieu répand son Esprit Saint et change « les cœurs de pierre en cœurs de chair ».[2] Dès lors, tous les peuples de la terre pourront vivre ensemble dans la paix et l'amour mutuel, car ils auront part à l'Alliance que Dieu destine à toute l'humanité.

Espérance folle ? Non. Œuvre de Dieu qui retourne le cœur de l'homme dans un univers enfin réconcilié. Voilà le règne de Dieu.

Le Nom de Dieu est sanctifié quand Dieu règne, c'est-à-dire quand il a vaincu l'ennemi intime qui tient en esclavage chaque homme et l'humanité entière.

Le règne de Dieu vient par et dans le Christ-Sauveur, qui accomplit parfaitement la sanctification du Nom de Dieu et la délivrance, la libération de tous les hommes.

Voilà pourquoi l'Évangile (en saint Luc notamment) nous montre Jésus en prière à des moments cruciaux, lors d'événements où prend corps en quelque sorte sa demande : « Que ton règne vienne ».

1 Jérémie 31, 34.
2 Ézéchiel 11, 19 ; 36, 26.

Ainsi, par exemple, avant d'appeler ses disciples et de choisir ses douze apôtres pour les envoyer annoncer : « Le règne de Dieu est là. Croyez à cette Bonne Nouvelle »,[3] Jésus passe la nuit en prière.[4] Pourquoi ? Parce que les Douze lui sont donnés par son Père, comme il le dit plus tard : « Ceux que tu m'as donnés, je les ai gardés ».[5]

Jésus choisit ses disciples dans sa prière en les recevant du Père des cieux. Et les disciples, à leur tour, vont participer à l'avènement du règne de Dieu en l'annonçant, sur la Parole du Fils, par la puissance de l'Esprit.

« Que ton règne vienne » : cette demande du « Notre Père » nous déconcerte.

Car elle s'appuie sur le fait que le règne de Dieu est déjà là. Et elle accomplit la promesse du « règne qui n'est pas encore là mais qui vient » au moment même où l'Esprit de Jésus met ces mots sur nos lèvres.

L'Esprit, alors, nous unit au Christ qui est lui-même, en personne, le règne de Dieu.

[3] Luc 9, 2.
[4] Luc 12, 16.
[5] Jean 17, 11-12.

X

LE « RÈGNE DE DIEU » VIENT QUAND…

Jésus a mis Pierre à la tête des Douze pour annoncer le règne de Dieu. Au moment d'entrer dans sa Passion, Jésus dit à Pierre : « Pierre, j'ai prié pour toi afin que ta foi ne défaille pas Quand tu seras revenu, affermis tes frères ».[1] Le Christ prie pour Pierre. Le Christ prie pour que vienne le règne de Dieu. Ces deux intentions n'en font qu'une.

De la même façon, l'Évangile nous permet de retrouver, en amont des paroles et des gestes de Jésus, sa prière au Père : « Que ton règne vienne » et, en même temps, action de grâce parce que ce règne vient. On le voit :

– Quand Jésus pardonne les péchés et remet debout le paralytique.[2]

– Quand il ressuscite les morts, prophétisant sa propre résurrection. Devant la tombe de son ami La-

1 Luc 22, 32.
2 Luc 5, 18.

zare, Jésus prie : « Père, je te rends grâce de ce que tu m'as exaucé afin qu'ils croient que tu m'as envoyé ».[3]

– Quand, en sa Passion, il subit le scandale du mal et porte la souffrance du juste condamné : « C'est un baptême que j'ai à recevoir et comme je suis "tenaillé" [*sunechomaï*] jusqu'à ce qu'il soit consommé ».[4]

– Quand les païens découvrent Dieu, prémices d'une moisson qui blanchit.[5]

Par ailleurs, les paraboles sur le Royaume de Dieu nous dévoilent ce que Jésus demande à son Père quand il prie : « Que ton règne vienne ». Germination cachée de la Parole de Dieu enfouie pour porter du fruit ; énigme du bon grain mêlé à l'ivraie du mal[6] dans le temps de l'histoire des hommes, etc.

Enfin, quand Jésus prie pour la venue du règne de Dieu, il est tendu vers sa Passion, « ce baptême à recevoir »,[7] cette « coupe à boire »[8] jusqu'à ce qu'il dise sur la croix : « J'ai soif », puis : « Tout est accompli ».[9]

Mais les disciples gardent la mémoire de la patiente espérance du règne de Dieu à laquelle Jésus les invite,

3 Jean 11, 42.
4 Luc 12, 50.
5 Jean 4, 35.
6 Voir Matthieu 13, 24-30.
7 Luc 12, 50.
8 Luc 22, 42.
9 Jean 19, 30.

« jusqu'au jour où il boira à nouveau avec eux du fruit de la vigne ».[10]

Ce « jour du règne de Dieu », comme le dit saint Luc,[11] la promesse sera pleinement accomplie, la multitude des hommes totalement réconciliée dans le sang de l'Alliance et « tout l'univers réuni sous un seul chef, le Christ ».[12]

Dans cette attente, Jésus est « avec nous tous les jours jusqu'à la fin des temps », selon ses derniers mots aux disciples.[13] Nous avons tout à recevoir dans le Christ et tout à attendre en lui, notre Tête.[14] Le règne de Dieu ne cesse de venir. Mais il nous faut toujours demander qu'il vienne jusqu'à l'achèvement de l'histoire des hommes, quand le Christ sera « tout en tous ».[15]

Ton règne vient, Seigneur :

– Quand, grâce à ton Esprit, des hommes et des femmes de toutes conditions, de tous âges, accueillent aujourd'hui ta Parole : « Le règne de Dieu est là ; croyez à la Bonne Nouvelle »,[16] et la disent à leurs frères.

10 Matthieu 26, 29.
11 Luc 22, 18.
12 Éphésiens 1, 10.
13 Matthieu 28, 20.
14 Voir Colossiens 1, 17-18.
15 Colossiens 3, 11.
16 Marc 1, 15 [NdE].

– Quand l'un de nous confesse son péché et reçoit le pardon de Dieu dans le sacrement de l'Église, vivant et partageant la grâce de la réconciliation.

– Quand nous recevons les dons de l'Esprit pour vivre en communion avec Dieu et partager avec tout prochain l'amour dont nous sommes aimés.

– Quand le Christ nous unit au mystère de sa croix et nous donne l'espérance de la résurrection pour triompher du péché et de tout mal : « Alors les justes resplendiront comme le soleil dans le royaume de leur Père ».[17]

– Au moment où nos lèvres prient : « Père, que ton règne vienne », l'Esprit fait venir en nous son règne. Car le Christ transfigure notre cœur. Il ne cesse d'advenir en nous pour nous faire advenir en lui.

17 Matthieu 13, 43.

XI

« TA VOLONTÉ SUR LA TERRE COMME AU CIEL »

« Que ta volonté soit faite » : souvent cette demande est formulée comme l'acceptation résignée et passive d'une épreuve. La prière de l'agonie à Gethsémani nous vient à l'esprit : « Père, ta volonté et non la mienne ».[1] Jésus soumet sa volonté d'homme à la volonté de Dieu, son Père. Il offre son existence pour le salut de ses frères, alors que tout son être est plongé dans l'effroi et l'abîme de la lutte contre le péché – jusqu'aux « larmes de sang ».[2]

Or c'est la même parole que prononce la Vierge Marie dans la joie secrète de l'Annonciation : « Qu'il me soit fait selon ta parole ».[3]

En ces deux situations opposées, l'Évangile nous fait découvrir la même attitude spirituelle.

1 Matthieu 26, 39 [NdE].
2 Luc 22, 44.
3 Luc 1, 38.

« Sur la terre comme au ciel » : deux interprétations sont envisageables.

Dans la première, le mot « ciel » a la même signification que « cieux ».[4] C'est un substitut pour dire « la demeure de Dieu », « Dieu lui-même ». La comparaison tourne court, car Dieu en lui-même accomplit sa volonté.

Selon la seconde interprétation, l'expression familière dans la Bible, « le ciel et la terre », désigne la création dans son ensemble. « Le ciel », c'est le cosmos inaccessible à l'homme. « La terre », c'est ce qui est donné à l'homme pour qu'il le « domine ».

Toute la création est le langage de la volonté divine. « Dieu dit et cela fut ».[5] La création exprime quelque chose de la beauté de Dieu dans son acte de Créateur. « J'ai interrogé le ciel, le soleil, la lune, les étoiles. Ils m'ont crié : "Nous ne sommes pas Dieu ; c'est lui qui nous a faits !" » Ainsi saint Augustin explique-t-il, dans ses *Confessions*,[6] l'ordre de la création en sa splendeur et sa cohérence divines.

Dieu crée « la terre » pour en faire la demeure des hommes à qui il communique sa volonté sainte par les commandements de l'Alliance. C'est l'ordre de la Loi et de la Rédemption de l'homme.

4 Voir ci-dessus l'entretien VI, p. 45 [NdE].
5 Genèse 1, 3.
6 Livre X, 9.

« Que ta volonté soit faite sur la terre comme au ciel », c'est-à-dire : « Accomplis ta volonté, ô Dieu, dans le cœur des hommes pour qu'ils veuillent t'aimer et te servir, chantant ainsi ta gloire, donnant ainsi la parole à toute la création ».

Le Psaume 19 (18) établit le même parallèle. Il comprend deux parties que le psalmiste a voulu lier de façon indissociable :

> Dieu par sa Parole a créé les cieux, qui accomplissent ainsi le dessein du Créateur :
> Les cieux racontent la gloire de Dieu,
> Et l'œuvre de ses mains, le firmament l'annonce.
> Le jour au jour en redit le message.[7]
> Dieu par sa Parole a donné sa Loi à l'homme pour qu'il accomplisse sur la terre la volonté de son Rédempteur :
> La Loi du Seigneur est parfaite, réconfort pour l'âme (...).
> Les préceptes du Seigneur sont droits (...).
> Ton serviteur par eux se laisse séduire (...),
> Seigneur, mon rocher, mon Rédempteur.[8]

7 Versets 2 et 3 [NdE].
8 Versets 8, 9, 12 et 15 [NdE].

Ce psaume en diptyque rend grâce pour la volonté de Dieu, « faite » – accomplie –, « sur la terre comme au ciel » – de même que dans l'immensité du cosmos.

Quand je prie : « Père, que ta volonté soit faire sur la terre comme au ciel ; accomplis ta volonté en moi et en tous mes frères », je participe à l'acte créateur de Dieu ; j'épouse son dessein rédempteur sur le monde entier.

« Que ta volonté soit faite » : prier ainsi devant une difficulté ou un malheur, ce n'est pas démissionner devant l'inéluctable. Bien au contraire, en disant cela j'entre avec toute ma liberté dans le dessein de Dieu, lui demandant d'accomplir en moi et pour moi ce qu'il veut que je fasse.

« Sur la terre comme au ciel » : chaque instant de ma vie prend ainsi sa place singulière dans le concert universel qui chante la gloire de Dieu.

XII

« MA NOURRITURE : FAIRE LA VOLONTÉ DE MON PÈRE »

Souvenez-vous de Job aux prises avec le mystère du mal. Il se débat pour ne pas se laisser écraser et, de toute sa foi éprouvée, il s'écrie : « Le Seigneur a donné ; le Seigneur a repris ; que le Nom du Seigneur soit béni ! »[1] Prier : « Père, que ta volonté soit faite », ce n'est pas souscrire dans une résignation aveugle à une fatalité, mais communier de toutes ses forces à la volonté de Dieu, en vivre.

Comme Jésus : « Ma nourriture, c'est de faire la volonté de Celui qui m'a envoyé ».[2] Mais pour reconnaître que la volonté du Père est la nourriture des fils, il faut *vouloir* la faire.

Jésus lui-même le dit. Lors de la fête des Tentes, il enseigne au Temple : « Si quelqu'un veut faire la volonté de Dieu, il saura si cet enseignement que je donne,

1 Job 1, 21.
2 Jean 4, 34.

moi Jésus, vient de Dieu [est sa volonté], ou si je parle de mon propre chef ».[3] Qui communie à la volonté de Dieu reconnaît la volonté de Dieu. Il est, si je puis dire, « sur la même longueur d'onde ». S'agissant de Dieu et de l'homme, s'il y a « brouillage », le péché de l'homme en est la cause.

Rappelez-vous, d'autre part, la remarque de l'aveugle-né après sa guérison : « Si un homme est plein de piété et fait la volonté de Dieu, Dieu l'exauce ».[4] Et, au moment de la résurrection de Lazare, Jésus prie à haute voix : « Père, je savais bien que tu m'exauces toujours. Mais j'ai parlé à cause de cette foule qui m'entoure, afin qu'ils croient que tu m'as exaucé ».[5]

À la limite, j'ose dire : « Qui fait la volonté de Dieu fait sa propre volonté – et non celle d'un Autre ». Cette audacieuse vérité, Jésus l'enseigne à ses apôtres après la Cène : « Tout ce que vous demanderez au Père en mon nom, il vous l'accordera ».[6] Loin de tomber dans le fatalisme, prier le Père que sa volonté soit faite, c'est donc recevoir de Dieu la puissance d'être exaucé dans notre prière. Quelle déconcertante perspective le Christ nous dévoile-t-il là !

3 Jean 7, 17.
4 Jean 9, 31.
5 Jean 11, 42.
6 Jean 15, 6.

Voilà pourquoi il conjure de « prier constamment et ne pas se décourager », telle la veuve qui, à force de supplications, oblige le juge « qui ne craint pas Dieu ni ne respecte les hommes » à « lui faire prompte justice ».[7] Jésus conclut sa parabole en prenant à revers l'idée que nous nous faisons de Dieu quand, dans la détresse, nous imaginons un juge inique et sans entrailles, comme si Dieu était sourd et muet, absent du monde des hommes et sans pitié. Mais, demande Jésus, « Dieu, lui, ne ferait pas justice à ses élus qui crient vers lui jour et nuit ? Cependant, le Fils de l'homme quand il viendra trouvera-t-il la foi sur terre ? ».[8]

Demander à Dieu de « faire justice » résume les trois premières demandes du « Notre Père » :

– Qu'il manifeste la sainteté de son Nom ;

– Qu'il fasse advenir son règne de justice ;

– Et que sa volonté s'accomplisse en notre monde et dans « le ciel », c'est-à-dire nous donne d'entrer dans son plan de salut.

Pour Jésus, la volonté de son Père le conduit en sa Passion.

« Il *faut*, dit-il peu avant cette parabole du juge qui se fait prier longtemps, il *faut* que le Fils de l'homme souffre beaucoup et qu'il soit rejeté par cette généra-

7 Luc 18, 1-5.
8 Luc 18, 7-8 [NdE].

tion ».[9] Les disciples ne le comprendront qu'après la Résurrection, quand Jésus leur donnera l'Esprit Saint et ouvrira leur cœur à ce mystère. Comme sur la route d'Emmaüs : « Ne *fallait*-il pas que le Christ souffrît pour entrer dans la gloire ? »[10]

Pour Jésus, prier : « Père, que ta volonté soit faite », c'est désirer d'un ardent désir la réalisation du salut de Dieu pour son Peuple et pour l'humanité entière. Voilà ce qui nourrit sa prière en toute circonstance de sa vie : qu'il pleure sur la mort de son ami Lazare ou sur la ville qu'il aime : « Jérusalem, que de fois j'ai *voulu* rassembler tes enfants comme une poule rassemble sa couvée sous ses ailes, et vous n'avez pas *voulu* ! »[11]

Dire : « Père, fais ta volonté ! », c'est vouloir entrer dans le plan de Dieu avec le Christ, Sauveur des hommes.

9 Luc 17, 25.
10 Luc 14, 28.
11 Luc 13, 34-35.

XIII

FAIRE JUSQU'AU BOUT CE QUE DIEU VEUT

Le Christ ne nous fait pas dire : « Oui, Père, ce qui doit arriver doit arriver », ni : « Puisque c'est un ordre, j'obéis », dans une sorte de garde-à-vous spirituel qui « ignore ce que fait son maître ».[1] Non. Avec lui qui livre sa vie, il nous fait entrer librement dans la volonté de Dieu en nous en donnant la connaissance : le salut de tous les hommes. Prodigieuse perspective ouverte à notre prière et à notre existence !

Cette perspective, saint Paul l'a bien mesurée : « La vie, c'est le Christ », écrit-il aux chrétiens de Philippes.[2] « Mourir serait pour moi un gain. Cependant, si la vie dans cette chair doit me permettre encore un fructueux travail, j'hésite à faire un choix (...). Je vais rester près de vous tous pour votre avancement et la joie de votre foi ». L'apôtre des nations a une forte conscience que sa vie s'inscrit dans le plan universel du salut.

1 Jean 13, 15.
2 Philippiens 1, 21 et suivants.

Et nous ?

Affligés ou heureux, nous sommes tentés de ramener à nous-mêmes notre dialogue avec Dieu. Soit ! « *Moi* et *mon* Créateur », disait justement le cardinal Newman. Cette relation singulière fonde la relation de foi. Mais « mon » Créateur est aussi le Créateur de « tous mes frères ». Donc il me fait entrer dans son dessein universel et il projette ma vie à l'échelle de son amour pour l'humanité.

Vous qui êtes âgés et fatigués, vous dites peut-être : « Maintenant, je voudrais m'en aller auprès de Dieu ». Vous qui souffrez, qui êtes abandonnés, vous qui pleurez, vous dites peut-être : « Personne ne m'entend. Qui s'occupe de moi ? » Or c'est vous qui êtes appelés à porter tous les autres par votre offrande intérieure.

Chaque vie compte dans l'Histoire du salut.

Deux psaumes peuvent vous aider à élargir votre cœur pour prier avec le Christ : « Père, que ta volonté soit faite sur la terre comme au ciel ».

– Le Psaume 40 : « Tu ne voulais ni sacrifice ni oblation. Tu m'as ouvert l'oreille (...). Alors j'ai dit : "Voici, je viens". Au rouleau du livre il m'est prescrit de faire ta volonté. Mon Dieu, j'ai voulu ta Loi au profond de mes entrailles ».[3]

– Le Psaume 139 (140) : « Seigneur, tu me sondes et me connais (...). Tu perces de loin mes pensées (...). Mes jours sont inscrits et définis » – non comme une fatalité, mais comme une vocation.[4]

Dieu vous appelle à travailler avec le Christ dans le laborieux chantier de votre vie, qui ne se réduit pas à votre carte de visite professionnelle. Les fruits de votre existence ne se comptabilisent pas en élèves enseignés, en objets produits, en enfants élevés... Rien de tout cela ne suffit à faire les comptes, car tout compte, mais à la seule mesure de Dieu.

Le prix de votre vie, vous ne pouvez pas le savoir. C'est celui que vous lui donnez en faisant la volonté du Père, avec le Christ, dans l'Église, « pour le salut du monde », grâce à l'Esprit.

Tout instant de ma vie jusqu'à mon dernier souffle est précieux aux yeux de Dieu, je le crois. Même si je m'écrie avec le psalmiste : « Seigneur, que tes pensées sont difficiles ! (...) Connais mon souci. Vois, que mon chemin ne soit fatal ! »[5] Ce que je fais, obscurément, pour les autres, d'autres – vous, mes frères – le faites

[3] Versets 7 à 9.
[4] Versets 1-2 et 16.
[5] Psaume 139 (140), 17, 23-24.

pour moi. Et nous travaillons ainsi à ce que tous les hommes trouvent leur vrai visage de fils de Dieu.

Par les trois premières demandes du « Notre Père », nous supplions Dieu d'accomplir ce qu'il veut – qu'il soit Dieu.

Dans la deuxième partie, « nous » apparaissons. C'est la prière des pèlerins que le Christ entraîne au désert pour un nouvel Exode. C'est la prière du peuple de Dieu que le Christ entraîne à sa suite vers sa Pâque éternelle.

XIV

L'AFFAIRE DE DIEU, ET AUSSI LA NÔTRE

Les premières phrases du « Notre Père » nous font demander à Dieu d'agir selon sa volonté et sa promesse. Elles nous renvoient à son dessein.

Cette prière prend tout son sens lorsque nous acceptons de devenir semblables au Fils unique et de prier comme lui. Le désir de la venue du règne de Dieu habite tout moment de la vie du Christ.

Pour nous, le temps s'écoule trop rapidement quand nous nous distrayons, ou trop lentement quand nous nous ennuyons. Nous sommes le plus souvent absents de l'instant présent où s'accomplit notre vie.

Pour le Christ, toujours, tout événement concourt à l'avènement du Royaume. Il ressaisit chaque parcelle de son existence dans un acte de liberté où il s'offre au Père pour faire sa volonté. En nous apprenant à prier, il nous apprend à vivre de la même façon. Pour le Fils de Dieu fait homme, tout péché réclame le pardon, toute détresse le salut de Dieu. Tout est action de grâce. Tout fait chanter au cœur de l'homme la gloire à rendre à Dieu.

En priant les trois premières demandes du « Notre Père », dans le Christ et par la puissance de l'Esprit Saint, nous nous unissons à ce que Dieu est et fait, et nous le prions d'accomplir ce qu'il veut accomplir. Ainsi, nous travaillons au « travail » même de Dieu, Créateur et Sauveur du monde. C'est *notre* affaire. Et notre affaire, c'est l'affaire de Dieu : « Que son Nom soit sanctifié, que son règne vienne, que sa volonté soit faite ».

La seconde partie semble renverser la perspective et nous centrer sur nous-mêmes. Six fois ce pronom personnel revient dans nos demandes : « Donne-*nous* (...), pardonne-*nous* (...), *nous* pardonnons (...), *nous* ont offensés (...), ne *nous* laisse pas (...), délivre-*nous* ».

« Donne-nous aujourd'hui notre pain de ce jour ». Cette prière peut paraître étrange : d'abord, pour certains le pain n'est plus toujours la nourriture vitale et désirable ; ensuite, nous travaillons dur pour vivre : nous « gagnons » notre pain en le payant de nos efforts et non en attendant que Dieu nous l'offre sans contrepartie...

Faut-il demander à Dieu une allocation de subsistance ? Cette prière ferait-elle de nous des irresponsables, incapables de subvenir à leurs propres besoins ?

Nous mettrait-elle en contradiction avec le précepte de Dieu lui-même à l'aube de l'humanité : « Tu gagneras ton pain à la sueur de ton front » ? [1] L'apôtre Paul n'a-t-il pas exhorté les chrétiens : « Travaillez comme nous vous l'avons ordonné » ? [2]

Non, bien sûr.

Dans « Donne-nous aujourd'hui notre pain de ce jour », le mot « aujourd'hui » semble faire double emploi avec « de ce jour ». Cette redondance masque la complexité du mot grec *epiousion*. Ses diverses significations possibles – « supersubstantiel » ou « nécessaire », « de demain », « de ce jour »... – forment un tout. À la façon des taches de couleur sur une toile impressionniste, elles sont plus ou moins liées et concourent à faire saisir la richesse de sens que l'expression araméenne devait avoir dans la bouche de Jésus.

Nous prendrons l'une après l'autre ces différentes traductions, en nous gardant d'oublier l'une lorsque nous passons à l'autre.

1 Genèse, 3, 19.
2 1 Thessaloniciens 4, 11.

XV

« DONNE-NOUS AUJOURD'HUI NOTRE PAIN DE CE JOUR »

Une première acception possible du mot grec *epiousion* est donc « de ce jour ». C'est ce qui a été rendu en latin par *quotidianus* et a été adopté par les chrétiens de l'Antiquité. Rappelez-vous ce que dit Jésus dans le sermon sur la montagne : « Ne vous inquiétez pas : "Qu'allons-nous manger ? Qu'allons-nous boire ?" Votre Père céleste sait bien que vous avez besoin de toutes ces choses (...). Ne vous inquiétez pas pour le lendemain (...). À chaque jour suffit sa peine ».[1] Et : « Qui d'entre vous, si son fils lui demande du pain, lui donnera une pierre ? »[2]

Le Seigneur nous invite à vivre au jour le jour. Nous faire demander au Père des cieux le pain de ce jour est un appel à la confiance et à la remise de notre vie entre les mains de Dieu, chaque jour.

1 Matthieu 6, 31-34.
2 Matthieu 7, 9.

Tel le peuple de Dieu éprouvé au désert, qui recueille chaque jour sa ration quotidienne de manne, avec interdiction de faire des provisions,[3] il nous faut apprendre à tout recevoir, chaque jour, aujourd'hui, de Dieu et de Dieu seul.

Demander le « pain de ce jour », remettre sans délai à Dieu notre vie, c'est donc déjà l'expérience fondamentale d'Israël au désert. Dépossédé de tout, il reçoit la plus grande des richesses : être constitué peuple de Dieu. Israël devient lui-même grâce à Dieu qui se livre à lui dans le mystère de l'Alliance. Dieu est sa vie et le nourrit. En retour, Dieu demande à l'homme la foi, c'est-à-dire de reconnaître Dieu, lui qui reconnaît l'homme et le fait exister.

« Notre pain substantiel » : le pain demandé, c'est aussi le pain de la route vers le Royaume – l'Eucharistie.

Pour la foule qui est nourrie de sa parole, le Christ multiplie le pain. Par la puissance du Verbe de Dieu, ce miracle est le renouvellement de la merveille de la manne, le « pain des forts », le « pain des anges »,[4] et en même temps la prophétie de notre condition de chrétiens dans le temps de l'Église : le pain de l'Eucharistie

[3] Exode 16, 4 et suivants.
[4] Psaume 78, 25.

nourrit et rassemble le peuple messianique des frères et sœurs du Christ en route vers le Royaume.

Le « pain du lendemain » ou encore du « huitième jour ». Cette troisième traduction d'*epiousion* fait penser au banquet du Royaume des cieux à la fin des temps – ce festin prophétisé par Isaïe : « Le Seigneur, le tout-puissant, va donner sur cette montagne un festin pour tous les peuples. On dira ce jour-là : "C'est lui notre Dieu" »[5] ; le festin annoncé par Jésus au moment de l'institution de l'Eucharistie : « Je ne boirai désormais plus de ce fruit de la vigne jusqu'au jour où je le boirai, nouveau, avec vous dans le Royaume de mon Père ».[6]

La manne cessa de tomber dès la première récolte du peuple entré en Canaan, comme le rapporte le livre de Josué.[7] Le « pain du lendemain » serait le premier pain de la Terre promise. Jésus, « pain de vie descendu du ciel »,[8] nous fait demander à Dieu d'avoir part à ce banquet de la Terre promise où nous recevrons « la vie éternelle ».

« Donne-nous aujourd'hui notre pain de ce jour » : donne-nous la manne de ce jour qui nous permet

5 Isaïe 25, 6 et suivants.
6 Matthieu 26, 29.
7 Josué 5, 12.
8 Voir Jean 6.

d'accomplir notre voyage vers la Terre promise, ce Royaume des cieux découvert en sa splendeur au dernier jour. Mais, dès à présent, donne-nous de goûter aujourd'hui à ce pain ultime du festin éternel. Car l'Eucharistie est le pain des voyageurs (le « viatique ») et déjà celui du Royaume : le Christ se donne lui-même en nourriture de vie éternelle.

Quand et comment Jésus a-t-il prié cette demande du « Notre Père » ?

Lors du combat de la tentation au désert. Jésus prie et cette prière est une épreuve. Il vit d'avance ce qu'il nous fera demander. Après son jeûne de quarante jours, « il a faim ».[9] Il repousse la tentation de se donner à soi-même la vie en utilisant en son humanité la puissance divine reçue de son Père. Il réplique au Tentateur : « L'homme ne vit pas seulement de pain, mais de toute parole qui sort de la bouche de Dieu ».[10] Jésus reçoit de Dieu seul sa nourriture : faire la volonté du Père.

Demander à Dieu le pain, ce n'est pas solliciter un minimum vital. C'est demander « le pain de la Vie », dans une totale disponibilité au Père de qui vient toute vie. « Ne vous amassez pas de trésors sur la terre (...). Où est ton trésor, là aussi sera ton cœur ».[11]

9 Matthieu 4, 4 ; Luc 4, 2 [NdE].
10 Matthieu 4, 3 (reprenant Deutéronome 8, 3).
11 Matthieu 6, 19-21.

Lors de la multiplication des pains, Jésus a prié cette demande : « Levant son regard vers le ciel, il prononça la bénédiction »,[12] « il rendit grâce ».[13]

Et plus encore le soir de la Cène, avant de rompre le pain et de le partager à ses apôtres en disant : « Ceci est mon Corps, donné pour vous ».[14]

12 Matthieu 14, 19 ; Marc 6, 41 ; Luc 9, 16.
13 Jean 6, 13.
14 Luc 22, 19.

XVI

« VOUS NE SAVEZ PAS CE QUE VOUS DEMANDEZ »

En nous faisant demander à Dieu « aujourd'hui notre pain de ce jour », Jésus nous fait toucher du doigt le rapport entre les événements de notre existence quotidienne, nos inquiétudes pour demain et l'attitude enracinée dans cette prière : la remise entre les mains de Dieu.

Pour nous enseigner la toute-puissance de la prière confiante en notre Père des cieux, Jésus nous pose cette question : « Qui d'entre vous, si son fils lui demande du pain, lui donnera une pierre ? »[1] À première vue, l'image surprend. Elle vient de la prière de Jésus, lorsque, dans son jeûne au désert, il est tenté par le Diable de « changer les pierres en pain »[2] pour apaiser sa faim.

Les évangélistes nous montrent combien Jésus a « pré-médité », voulu et anticipé dans la prière la multiplication des pains et plus tard la dernière Cène, où

1 Matthieu 7, 9.
2 Matthieu 4, 3 ; Luc 4, 3 [NdE].

Dieu donne « le pain de ce jour ». Alors, Jésus prie, le regard tourné vers sa prochaine Passion et l'offrande qu'il va faire de sa vie au Père : « C'est un baptême que j'ai à recevoir, et comme je suis tenaillé jusqu'à ce qu'il soit accompli ».[3] Ce qu'atteste encore l'ultime prière de Jésus en sa Passion.[4]

Dire, en effet, à Dieu : « Donne-nous aujourd'hui notre pain de ce jour », c'est lui dire : « Je veux recevoir la vie de la parole qui sort de ta bouche ».[5] C'est aussi dire avec Jésus en croix cette prière du Psaume 31 : « Père, entre tes mains je remets mon esprit ».[6]

« J'ai tellement désiré manger cette Pâque avec vous avant de souffrir »,[7] confie Jésus à ses apôtres. Ce désir est la confidence d'une prière que Jésus élargit au Festin du dernier jour : « Jamais plus je ne la mangerai jusqu'à ce qu'elle soit accomplie dans le Royaume de Dieu ».[8]

Laissons résonner en nous ces harmoniques de la prière de Jésus.

3 Luc 12, 50 [voir ci-dessus l'entretien x, p. 62 – NdE].
4 « Tout est accompli » (Jean 19, 30) [NdE].
5 Deutéronome 8, 3 [voir ci-dessus l'entretien précédent (xv), p. 84 – NdE].
6 Luc 23, 46 [Psaume 31 (30), 6 – NdE].
7 Luc 22, 15.
8 Luc 22, 16 [NdE].

« Donne-nous aujourd'hui notre pain de ce jour » peut porter sur ces événements prévisibles dans l'immédiat : une décision, une rencontre – bref, ce qui va se passer.

Mais, en ce moment présent où je demande à Dieu sa lumière pour telle décision, sa force pour telle action, son amour pour telle rencontre, je m'en remets à Dieu de cela même que je lui demande, dans un abandon filial.

Par ailleurs, en demandant, uni au Christ, notre pain « de ce jour » (*epiousion* – « supersubstantiel »[9]), j'inscris ma prière dans l'acte sacramentel de l'Eucharistie. Non seulement parce qu'« aujourd'hui » je participe à la messe, mais parce que la Parole de Dieu faite chair m'y est donnée en nourriture et m'y fait devenir ce que je reçois : le Corps du Christ.

Mon avenir pourtant demeure indéterminé : tout ne m'appartient pas. Prier Dieu : « Donne-nous aujourd'hui notre pain de ce jour », à la limite, c'est lui remettre un chèque en blanc.

Car à mes demandes spontanées, je m'entendrai peut-être répondre par Jésus ce qu'il dit aux fils de Zébédée qui ambitionnaient une bonne place dans son Royaume : « Vous ne savez pas ce que vous demandez ! »[10] J'accepte donc d'ouvrir à Dieu ma vie dans ce

9 Voir ci-dessus l'entretien précédent (XV), p. 82-83 – [NdE].
10 Marc 10, 37.

qu'elle a d'imprévisible : bonheur ou malheur, santé ou maladie, longueur ou brièveté des jours, solitude ou communion, dans l'assurance que Dieu me donnera toujours le « pain de chaque jour », car « il est fidèle, le Dieu qui vous a appelés à la communion avec son Fils (...). Il vous affermira jusqu'à la fin pour que vous soyez irréprochables au jour de notre Seigneur Jésus-Christ ».[11]

En cette demande qui part avec réalisme de ma vie quotidienne, je tourne mes regards vers l'avènement ultime du Royaume et la venue du Christ en gloire, « lui que vous aimez sans l'avoir vu ».[12] Alors, affirme Paul, « je connaîtrai Dieu comme je suis connu »[13] et « Dieu sera tout en tous ».[14]

Sois ma nourriture, mon Dieu, chaque jour de ma vie, jusqu'à la Pâque éternelle que j'espère.

11 1 Corinthiens 1, 8-9.
12 1 Pierre 1, 8.
13 1 Corinthiens 13, 12.
14 1 Corinthiens 15, 28.

XVII

« PARDONNE-NOUS NOS OFFENSES »

Sainte Thérèse de l'Enfant Jésus, que nous fêtons ces jours-ci,[1] a eu une intuition foudroyante de la puissance de l'amour, même dans la faiblesse. Elle a fait l'expérience spirituelle de la demande du « Notre Père » que nous méditons : « Pardonne-nous nos offenses comme nous pardonnons à ceux qui nous ont offensés ». Qu'elle nous obtienne le sens du pardon et de la miséricorde.

La première partie du « Notre Père » nous fait demander l'accomplissement de la volonté de Dieu – son règne. La deuxième partie, prière du peuple en marche avec le Christ dans un nouvel Exode, nous fait demander ce dont nous avons besoin pour accomplir cette vo-

1 Cet entretien a été diffusé sur Radio Notre-Dame pendant la semaine du 24 septembre 1986 et publié le 15 octobre suivant. La fête de sainte Thérèse de Lisieux est célébrée le 1er octobre [NdE].

lonté : d'abord la vie, la manne céleste[2] ; puis, aussitôt, le pardon.

Pourquoi cette demande, et à une place si importante ?

En raison du lien intime entre le pardon – reçu de Dieu, donné aux frères – et la prière.

Rappelez-vous : « Quand vous êtes debout en prière, si vous avez quelque chose contre quelqu'un, pardonnez pour que votre Père vous pardonne aussi ».[3]

Souvenez-vous aussi de ces paroles de Jésus[4] : « Si vous pardonnez aux hommes leurs fautes, votre Père céleste vous pardonnera à vous aussi. Si vous ne pardonnez pas... ».

Ainsi, au centre de son enseignement sur la prière (entre l'aumône et le jeûne), aussitôt après avoir appris aux apôtres le « Notre Père », Jésus n'en développe qu'une seule demande : celle du pardon.

Pardon et foi. Quand Jésus recommande : « Pardonnez pour que votre Père.... »,[5] il vient de tirer la leçon du figuier stérile, maudit et desséché du jour au lendemain. Le figuier est le symbole de la Loi donnée au

2 Voir ci-dessus les entretiens XV et XVI, p. 81-90 – [NdE].
3 Marc 11, 25.
4 Matthieu 6, 14-15.
5 Marc 12, 15 [NdE].

peuple de Dieu pour qu'il porte des fruits de sainteté ; celui qui n'en porte pas est comme mort. Mais comment être capable d'agir selon la volonté divine ? Les disciples sont effrayés par les exigences du Royaume. Pierre comprend intuitivement ce geste prophétique du Seigneur qui explique : « Ayez foi en Dieu ».[6]

Ni auto-persuasion du fanatique qui se dit : « J'ai raison contre tous », ni recette pour demander à Dieu n'importe quoi. Mais appui sur la seule force de Dieu. Vivre la foi, c'est être sûr de Dieu alors même que l'on n'est pas sûr de soi ; ne pas douter de la puissance de Dieu alors même que l'on doute de ses propres possibilités ; s'appuyer sur Dieu et non sur l'évidence à la courte mesure de notre conviction.

Le pardon que Dieu commande et qui paraît impossible aux hommes, Dieu nous le rend possible.[7]

Pardon et Passion. Il n'est de pardon chrétien que dans cette attitude fondamentale de la foi rapportée par saint Marc alors que Jésus est déjà entré dans le mystère de sa Passion.

Le pardon n'est pas indulgence résignée, lâche à la limite ; il n'est ni oubli complaisant, ni excuse facile, ni indifférence à la peine, à l'offense. Incompatible avec la

6 Marc 12, 21-22 [NdE].
7 Voir Marc 10, 27 (à propos de la difficulté pour les riches d'entrer dans le Royaume de Dieu) [NdE].

rancune et la haine, il est quasiment impossible pour l'affectivité en butte à une douleur trop vive.

Ce pardon qui fait l'objet de notre prière est un grand mystère. Il éprouve notre relation à Dieu comme le feu éprouve l'or au creuset. Il nous met au centre du mystère pascal.

En effet, le pardon marque comme d'un coin la prière du Christ sur la croix : « Père, pardonne-leur, car ils ne savent pas ce qu'ils font ».[8] Il n'excuse pas, il pardonne en priant le Père de pardonner, dans l'offrande de sa vie au Père pour le salut de tous les hommes, ses frères.

8 Luc 23, 34.

XVIII

LE PARDON DU PÈRE

Si Jean-Baptiste a prêché et donné un baptême de conversion en vue de la rémission des péchés,[1] le Christ non seulement a mis le pardon des péchés au cœur de sa prédication, mais il est venu l'accomplir au prix de son Sang dans le sacrifice de la Nouvelle Alliance.[2]

Ce pouvoir de remettre les péchés qu'il confie à ses apôtres,[3] Jésus le tient de son Père, comme il le montre clairement. Par exemple :

La guérison du paralytique à Capharnaüm.[4] – Quand Jésus dit : « Tes péchés te sont pardonnés » – entendez : « Dieu t'a pardonné tes péchés » –, il agit comme Dieu seul peut agir. D'où le juste étonnement des scribes et des pharisiens. Alors Jésus les interroge : « Qu'y a-t-il

1 Voir Luc 3, 3.
2 Voir Luc 22, 10.
3 Voir Luc 24, 27 et Jean 20, 22.
4 Voir Matthieu 9, 1-8 ; Marc 2, 1-12 ; Luc 5, 17-26.

de plus facile ? De dire : “Tes péchés te sont pardonnés”, ou de dire : “Lève-toi et marche” ? » Et il guérit le paralytique « pour que vous sachiez que le Fils de l’homme a sur la terre autorité pour pardonner les péchés ».

La démarche de la pécheresse pendant le dîner chez Simon.[5] – Celui-ci se scandalise car il ne sait pas ce que Dieu a fait pour cette femme. Jésus, lui, sait que son Père lui a pardonné. Et elle, qui était pécheresse, sait que Jésus apporte le pardon du Père. D’où ses gestes – compréhensibles – de reconnaissance et d’amour pour son Rédempteur et son Sauveur.

Le pardon est un acte que le Christ accomplit au nom du Père. Par l’œuvre de la Rédemption, le Fils devient l’instrument du pardon de Dieu.

« ... Comme nous pardonnons ». – En nous apprenant à prier ainsi, Jésus reprend l’enseignement des rabbins, mais il lui donne une profondeur d’autant plus singulière qu’il est lui-même la victime et le prêtre par qui Dieu accomplit la rémission des péchés – lui, le Christ, « l’Agneau de Dieu qui enlève le péché du monde »,[6] « une fois pour toutes en s’offrant lui-même » et « toujours vivant pour intercéder en notre faveur ».[7]

5 Luc 7, 36-50.
6 Jean 1, 29.
7 Voir Hébreux 7, 21-27.

Le peuple d'Israël le savait bien et la doctrine chrétienne l'a toujours enseigné : pour les fautes à l'égard du prochain, il faut obtenir non seulement le pardon de Dieu, mais encore celui du frère offensé, en réparant le tort commis, en se réconciliant, en espérant avoir droit au pardon qui est aussi devoir pour l'autre.

Corollaire : jusqu'où doit aller ce pardon du frère ? À cette question de Pierre, Jésus répond : « Soixante-dix-sept fois sept fois ».[8] Souvenir de la Genèse : « Lamek sera vengé soixante-dix-sept fois »,[9] car Dieu en sa justice doit faire expier le meurtre de l'innocent. Mais l'exigence du pardon fraternel dépasse celle de la justice. Comment l'homme imaginerait-il de pouvoir ainsi pardonner par ses seules forces ?

Rappelez-vous le commentaire de Jésus au commandement de Dieu : « Tu ne tueras pas » : « Quand tu vas présenter ton offrande à l'autel, si là tu te souviens que ton frère a quelque chose contre toi, laisse là ton offrande devant l'autel et va d'abord te réconcilier avec ton frère ; viens alors présenter ton offrande ».[10] Jésus renchérit sur le devoir du pardon lié à l'offrande pour le sacrifice et l'inscrit dans le mouvement même de la prière.

8 Matthieu 18, 22.
9 Genèse 4, 24.
10 Matthieu 5, 21-24.

Quel pardon demandons-nous à Dieu ? Ni oubli, comme si de rien n'était – cela n'a pas de sens. Ni amnistie à la manière d'un tribunal humain qui fait grâce. Ni prescription : passé un délai, l'auteur d'un crime n'est plus poursuivi. Non ! Le châtiment de nos fautes appartient au mystère de Dieu qui, au dernier jour, nous découvrira notre vie dans la lumière de sa vérité.

Demander à Dieu de nous pardonner, c'est lui demander de faire un acte qui nous recrée, car le péché est destruction de nous-mêmes. « Ô Dieu, accomplis en nous une nouvelle création. Ô Dieu, crée en moi un cœur pur ».[11]

Pourrions-nous donc pardonner à nos frères comme Dieu nous pardonne ? S'agit-il bien du même pardon ? Oui, car le pardon est le centre de la Rédemption qui nous rend la vie et nous fait donner la vie.

11 Psaume 51 (50), 12.

XIX

EN PÉCHEUR PARDONNÉ, POUR PARDONNER

« Le "Notre Père", je ne peux plus le dire jusqu'au bout, car je n'arrive pas à pardonner »... Comment, cependant, prier en vérité quand Jésus met sur nos lèvres cette demande : « Pardonne-nous comme nous pardonnons » ? Si le pardon que le Christ nous demande d'accorder à nos frères nous est tellement difficile, c'est parce qu'il nous oblige à agir envers le prochain comme Dieu lui-même agit envers nous : divinement, avec la puissance de Dieu.

Autrement dit, nous devons être habités par le pardon de Dieu. Cela nous semble impossible, à moins de recourir pour nous-mêmes au pardon de Dieu. Le Christ en est le ministre, le « grand-prêtre » (dira l'Épître aux Hébreux [1]). Mais à quel prix ! Jésus n'« utilise » pas le pardon du Père comme un ingénieur une source d'énergie nucléaire dont il se protège. Non ! Le Christ

1 Hébreux 4, 14.

nous donne le pardon du Père en accomplissant l'œuvre de la Rédemption, en vivant jusqu'à en mourir le mystère de la Croix. Étonnez-vous alors que le pardon soit difficile à donner ! Il est crucifiant.

Entrez donc dans le mystère de la Croix en pécheur pardonné grâce au sacrement de Réconciliation. – Dans un vrai geste d'humilité, allez demander le pardon de Dieu, confessez votre résistance à pardonner, reconnaissez tout ce qui en vous se dérobe pour suivre le Christ en sa Passion. Vous recevrez de Dieu comme une grâce ce qui vous est demandé comme une mission, en union avec le Christ crucifié et ressuscité.

Par ce sacrement, le Christ prend dans sa main notre cœur de pierre pour le changer en cœur de chair.[2] Alors seulement notre cœur découvre combien il n'a pas aimé Dieu qui l'aime. Nous redevenons sensibles au péché en devenant sensibles à l'amour que le Christ nous donne, lui qui fait revivre ce qui semblait mort comme la fille de Jaïre.[3] Ressentiments, dureté, impuissance à pardonner disparaîtront au fur et à mesure que nous en serons pardonnés par le Christ. En demander la guérison dans le pardon sacramentel, c'est commencer à pardonner.

2 Voir Ézéchiel 36, 26 [NdE].
3 Marc 5, 35.

Entrez dans le mystère de la Croix en pécheur pardonné, comme le bon larron.[4] Alors il vous sera donné de participer à l'acte du Rédempteur.

Vivez pleinement ces deux gestes de la célébration eucharistique :

– Le rite pénitentiel du début de la messe : le prêtre invite l'assemblée à reconnaître son péché, en silence. Priez : « Seigneur, accorde-moi le don gratuit d'un cœur contrit de mes péchés ».

– Dans la grâce du pardon jaillie du sacrifice du Christ, partagez avec vos frères la paix du Christ avant que le prêtre ne vous donne part au Corps du Christ. Nous pouvons dès lors nous pardonner les uns les autres.

Présentez-vous devant Dieu comme des pauvres. – Prenez des moyens modestes et concrets que seul votre Père des cieux verra dans le secret :

– Le *jeûne* (rien à voir avec une grève de la faim !). Abattez les défenses du corps (car l'incapacité à pardonner s'inscrit aussi dans la condition biologique de notre existence – vous le savez bien !), et laissez prise à Dieu. Rendez-vous faibles et dépouillez-vous de votre puissance pour qu'agisse celle de Dieu.

4 Luc 23, 40.

– *L'aumône*. Privez-vous de ce moyen de puissance et donc éventuellement de vengeance que peut être l'argent, et faites-en un instrument d'amour. Prenez de votre nécessaire [5] et donnez-le à ceux qui sont dans le besoin sans trop vous soucier de son emploi.

– La *Passion du Christ*. À partir du récit évangélique ou des stations du chemin de Croix dans une église, suivez-le de Gethsémani au Calvaire.

– *Les psaumes de pénitence* (30, 31, 32, 51, 130 notamment). Priez-le, unis au Christ et à tous les pécheurs du monde.

Cette demande du « Notre Père » : « Pardonne-nous comme nous pardonnons », nous oblige, pour agir comme le Christ, à user de la force de Dieu, donc à la recevoir comme une grâce et un don.

5 Voir Marc 12, 42-44 [NdE].

XX

« FAIS QUE NOUS N'ENTRIONS PAS DANS LA TENTATION »

La traduction : « Ne nous soumets pas à la tentation », maladroite en français mais proche du texte grec, ne rend pas compte exactement du sens de l'original araméen et peut déconcerter à juste titre. On n'imagine pas que Dieu fasse entrer dans le mal l'homme qu'il aime et appelle à la sainteté.

Faute de pouvoir modifier cette traduction en usage dans tous les pays francophones, comprenez-la bien. Par exemple, comme le demandait avec insistance notamment Mgr Delarue, premier évêque de Nanterre, mort en 1982,[1] et comme le proposaient avec une très forte argumentation l'abbé Carmignac[2] et bien

1 Jacques Delarue, né en 1914, ordonné prêtre en 1939, a été évêque de Nanterre de 1966 à sa mort. L'ancienne traduction, en usage jusqu'en 1966, était sans doute plus juste et faisait dire : « Ne nous laissez pas succomber à la tentation » [NdE].

2 Jean Carmignac (1914-1986), ordonné prêtre en 1937, fondateur de la *Revue de Qûmran*, a publié sa thèse de doctorat en théologie, *Recherches sur le « Notre Père »* (Letouzay et Ané, Paris, 1969) et À

d'autres exégètes : « Père, fais que nous n'entrions pas dans la tentation ».

Le mot « tentation », dans la langue courante, celle de la publicité, signifie un désir impulsif auquel il est agréable de céder, même si c'est un peu déraisonnable. Par exemple, faire une entorse à son régime alimentaire. Ou encore se permettre un écart par rapport à sa manière habituelle de dépenser son argent, etc.

Dans la vie morale, la tentation met à l'épreuve notre fidélité à une loi par l'attrait du fruit défendu. Transgression d'un interdit du plaisir ou plaisir de la transgression d'un interdit ? Les psychologues en discutent. Mais il est classique de nous représenter le choix moral à la manière d'Hercule hésitant entre le chemin du vice et celui de la vertu. Et pourtant, le bien et le mal ne sauraient avoir un attrait comparable. L'homme ne saurait être tenté par le mal à moins qu'il ne se présente à lui sous l'apparence d'un certain bien. Il faudrait donc rationnellement peser et hiérarchiser les biens désirables.

On peut aussi hiérarchiser les réactions de l'être humain : des plus instinctives, réductibles aux réflexes biologiques, aux plus raisonnées. Une conscience devenue pleinement maîtresse des désirs aveugles les

---

l'écoute du « Notre Père » (François-Xavier de Guibert, Paris, 1984) [NdE].

assume avec sagesse, voire les sublime. La tentation consisterait à céder à notre « animalité » au détriment de notre « humanité », à céder à nos pulsions instinctives ou désirs psychiques au détriment de notre raison.

En tout cela l'homme est face à lui-même. Tout autre est l'expérience spirituelle de la tentation dans la Bible : c'est une mise à l'épreuve de l'homme dans sa relation à Dieu, en une sorte de combat.

Tel celui de Jacob avec l'ange, au bord du Yabboq, jusqu'au lever de l'aurore.[3] Loin de se débattre avec lui-même, Jacob, pour triompher, doit consentir à ce que veut Dieu qu'il pressent derrière ce mystérieux combattant. Et Dieu, d'une certaine façon, doit se soumettre à l'homme, sa créature en qui il veut faire sa demeure : « Voyant qu'il ne pouvait l'emporter sur Jacob, il le heurta à la courbe du fémur (...). Il dit : "On t'appellera Israël, car tu as lutté avec Dieu et avec les hommes, et tu l'as emporté" ». Ce récit étonnant esquisse les contradictions apparentes de l'expérience mystique, la relation amoureuse de Dieu et de l'humanité.

En l'occurrence, la tentation est l'épreuve de la fidélité de l'homme à l'amour « jaloux » de Dieu. L'hom-

[3] Voir Genèse 32, 23-33.

me est tenté de refuser d'aimer Dieu en mettant à la place de Dieu une idole façonnée par son désir. Ce qui revient à s'aimer soi-même jusqu'au mépris de Dieu, et donc à se couper de Dieu, source de la vie et de tout amour.

Dans cette perspective, la « jalousie » de Dieu, c'est, en Dieu, la douleur de l'homme blessé par sa propre infidélité.

En arrière-fond de cette tentation – choix entre deux amours : amour de soi ou amour de Dieu – se détache la figure du Tentateur, Satan, « le père du mensonge »,[4] le blasphémateur, négation de Dieu et puissance ténébreuse qui veut faire de l'homme son complice.

Telle est l'épreuve suprême du combat spirituel où sont mêlés péché et rédemption. Dans son agonie à Gethsémani, le Christ triomphe pour nous de cette tentation en vivant sa Passion.

C'est donc dans le choix spirituel – pour ou contre Dieu – que le choix moral – pour ou contre le bien – découvre son véritable enjeu, sur lequel porte la tentation.

4 Jean 8, 44.

XXI

« SATAN VOUS A RÉCLAMÉS. J'AI PRIÉ »

« Ne nous soumets pas à la tentation » : déjà, aux temps apostoliques, des chrétiens de langue grecque tiraient de cette demande l'idée que leur tentation venait de Dieu. Dans sa lettre, saint Jacques leur répond : « Dieu ne peut être tenté de faire le mal et ne tente personne. Chacun est tenté par sa propre convoitise, qui l'entraîne et le séduit ».[1] Sinon, Dieu ne serait que la projection du cœur de l'homme et le servir serait le pire des esclavages. Mais, « grâce à Dieu », c'est nous qui sommes créés à son image...

En réalité, la tentation nous fait entrer dans un combat spirituel pour ou contre Dieu. Là est le vrai choix. Là est le combat. Concevoir la vie morale indépendamment de la relation à Dieu est une illusion de notre civilisation technicienne, qui réduit l'usage du corps, des sens, voire de la raison, à la manipulation

1 Jacques 1, 12-14.

d'un objet. La Bible nous le révèle : rien de ce qui touche l'homme n'est étranger au regard de Dieu. Reconnue ou non, cette relation est inscrite dans la condition même de la personne humaine, créée à l'image de Dieu.[2] La tentation porte fondamentalement sur cette relation.

« Fais que nous n'entrions pas dans la tentation ». Je ne retiendrai, dans la Bible, que deux références majeures :

– La première, au début du Livre de la Genèse, en cette épreuve originelle,[3] nous montre la nature de toute tentation. La vocation de l'homme, fait à la ressemblance de Dieu, le destine au bonheur en communiant à la volonté divine. En se coupant de la source de la vie, en se détournant de son Créateur et Père, l'homme se prive de la vie : il choisit le péché et la mort.

– La seconde, à la fin du Livre de l'Exode,[4] nous rapporte la tentation, au désert, du peuple choisi. Avec la Loi, il va recevoir la plénitude de la vie de Dieu ; appelé à la sainteté, il vivra en fils créé à l'image et à la ressemblance de Dieu. Mais la peur lui fait tourner le dos

2 Voir Genèse 1, 27 [NdE].
3 Genèse 3, 1 et suivants [la tentation d'Ève par le serpent – NdE].
4 Exode 32, 1 et suivants [pendant que Moïse reçoit sur la montagne les tables de la Loi, le peuple fabrique et se met à adorer un veau d'or – NdE].

à Dieu pour se fabriquer des dieux à sa ressemblance et à sa façon – ainsi le veau d'or.

Quel rapport, alors, entre notre tentation et la tentation du Christ ?

L'homme pécheur, en sa condition blessée, est aveugle sur sa véritable destinée. Prisonnier de ses pulsions, il ne voit pas contre quoi et contre qui il se bat dans la tentation. Il est fasciné par des convoitises diverses : les sens, la volonté de puissance, l'argent, la haine, etc. Il ne voit qu'elles.

Le Christ, « qui n'a pas connu le péché », s'est « identifié au péché »[5] et est entré dans le combat spirituel de l'homme pécheur. Il en sortira vainqueur dans le mystère de sa Passion. C'est bien de *notre* tentation qu'il est éprouvé en la portant sur ses épaules. Mais lui, il voit l'Adversaire qui « rôde comme un lion rugissant, cherchant qui dévorer ».[6] Lui, Jésus, démasque l'enjeu du combat : adorer Dieu, et lui seul ; ouvrir la liberté humaine à Dieu et Dieu seul, ou au contraire laisser l'homme devenir prisonnier de son Ennemi qui « dès le commencement s'est attaché à faire mourir l'homme ».[7] L'homme ne démasque le Diable, « père du

5 2 Corinthiens 5, 21.
6 1 Pierre 5, 8.
7 Jean 8, 44.

mensonge »[8] et racine de tout péché, que dans la vérité de Dieu et de son pardon.

Le Christ, lui le seul Juste, « poussé par l'Esprit Saint »,[9] s'est soumis à la tentation, pour vaincre le péché et sauver l'homme. Il nous appelle à le suivre en ce combat pour la Rédemption du genre humain : « Du baptême dont je serai baptisé, vous serez baptisés », dit-il à ses apôtres.[10] Mais lui seul peut les porter en cette épreuve de la Passion qui dépasse leurs forces.

Il nous en avertit pour nous réconforter à l'heure de la tentation : « Simon, Simon, Satan vous a réclamés pour vous secouer dans un crible comme on fait pour le blé. Mais moi, j'ai prié pour toi afin que ta foi ne disparaisse pas. Et toi, quand tu seras revenu, affermis tes frères ».[11]

8 *Ibid.* [NdE].
9 Marc 1, 12 [récit de la tentation de Jésus au désert après avoir été baptisé par Jean et avant d'inaugurer sa prédication – NdE].
10 Marc 10, 38.
11 Luc 22, 31-32.

XXII

POUR RÉSISTER AU TENTATEUR

« Ayant épuisé toute tentation possible, le Diable s'écarta de Jésus jusqu'au moment fixé », précise l'évangile de Luc.[1] Mais, depuis ses quarante jours au désert jusqu'à Gethsémani, Jésus continuera de faire face au Tentateur.

Ainsi, dans la perspective de son arrestation, des pièges lui sont tendus, des tentations, des épreuves. Le même mot grec (*peïrazo, peïrasmos*) est employé dans ces passages de l'évangile et dans la demande du « Notre Père » :

– Pharisiens et sadducéens exigent de Jésus un signe venu du ciel pour l'« éprouver » dans sa condition humaine de Messie.[2]

– Interrogé : « Est-il permis de répudier sa femme ? »,[3] Jésus, le Verbe de Dieu, mis en contradiction

1 Luc 4, 13.
2 Matthieu 16, 1.
3 Matthieu 19, 3

avec la Parole de Dieu, est « tenté » par ses interlocuteurs.

– Un peu plus loin, à la question sur l'impôt dû à César, destinée à confondre dans le Messie d'Israël royauté divine et royauté politique ou volonté de puissance, le Christ rétorque : « Pourquoi me tentez-vous ? »[4]

– Et, dans le même chapitre chez saint Matthieu, pour l'« éprouver » dans sa fidélité à l'amour absolu de Dieu, un légiste lui demande : « Quel est le plus grand commandement de la Loi ? »[5]

J'arrête là ces exemples non sans rappeler en saint Jean l'épreuve de la multiplication des pains[6] et la condamnation de la femme adultère.[7]

Ainsi, en montant vers Jérusalem, à travers ce qu'il dit et enseigne, Jésus vit explicitement le combat spirituel de la tentation, en anticipation de sa Passion.

Or la plus grande tentation est de faire obstacle à l'œuvre de la Rédemption.

Jésus le signifie vigoureusement à Pierre.[8] À Césarée de Philippe, celui-ci vient de confesser le Messie,

4 Matthieu 22, 18.
5 Matthieu 22, 35 et suivants.
6 Jean 6, 6.
7 Jean 8, 6.
8 Matthieu 16, 21 et suivants.

mais il se révolte à l'annonce de la Passion. Alors Jésus s'écrie : « Retire-toi, Satan. Tes vues ne sont pas celles de Dieu ».

Dans sa prière et son combat spirituel au mont des Oliviers, Jésus prend sur lui la condition de l'homme tenté, et il le délivre de son péché. Miséricordieusement, il recommande aux disciples qui capitulent devant l'épreuve : « Veillez et priez afin de ne pas tomber au pouvoir de la tentation ».[9]

Oui, osons prier notre Père : « Fais que nous n'entrions pas dans la tentation ».

Nous le savons, nous sommes tous portés par le Christ, puisqu'il « a été éprouvé en tous points à notre ressemblance, mais sans pécher (...). Puisqu'il a souffert lui-même l'épreuve, il est en mesure de porter secours à ceux qui sont éprouvés ».[10]

Pour ne pas « abandonner au moment de la tentation », tel le terrain pierreux qui ne peut laisser pousser la semence,[11] un seul moyen : la prière, la vie sacramentelle, l'union au Christ. Non une recette magique, mais l'entrée dans la vérité du combat spirituel.

Dans le Christ, Dieu nous communique la force de mener ce combat. Le Christ a démasqué l'unique Ad-

9 Matthieu 26, 41.
10 Hébreux 4, 15 et 2, 18.
11 Voir Luc 8, 13.

versaire, le Tentateur de la liberté humaine. En même temps, il nous donne les moyens de la victoire, comme l'apôtre Paul le rappelle aux rudes chrétiens du port de Corinthe : « Les tentations auxquelles vous avez été exposés ont été à la mesure de l'homme. Dieu est fidèle. Il ne permettra pas que vous soyez tentés au-delà de vos forces. Avec la tentation, il vous donnera le moyen d'en sortir et la force de la supporter ».[12]

Quelles que soient votre faiblesse et votre tentation (alcool, haine, adultère, vol, désespoir...), vous pensez que vous vous battez contre vous-même. Vous vous trompez : en réalité, vous vous battez contre beaucoup plus fort que vous. Vous vous croyez seul avec votre faiblesse, votre honte. Vous vous trompez : vous êtes avec le Christ qui se bat pour vous.

Pour ne pas entrer dans la tentation, laissez le Christ se battre pour vous, avec vous. Il vous redit : « Courage ! J'ai vaincu le monde ».[13]

12 1 Corinthiens 10, 13.
13 Jean 16, 33.

XXIII

« MAIS DÉLIVRE-NOUS DU MAL »

Cette ultime demande du « Notre Père » est comme l'envers de la précédente. Pour la comprendre, deux mots-clés : le « mal » et « délivre-nous ».[1]

Le mal. Ce mot, en grec et en latin, désigne soit le mal comme abstraction, soit une personne, le Mal – avec une majuscule. Cette ambiguïté, non perceptible en français, invite à n'exclure aucun des deux sens. Ne conserver que le premier montrerait notre naïveté devant le « mystère d'iniquité »[2] présent dans la condition humaine.

Dans cette prière du Christ, de quel mal s'agit-il ? Du mal dans toute sa profondeur : mal dont Dieu nous délivrera, Malin des mains duquel il nous arrachera.

1 Cet entretien porte surtout sur le premier de ces deux mots-clés. « Délivre-nous » fait l'objet de l'entretien suivant [NdE].

2 2 Thessaloniciens 2, 7.

Le mal est-il une notion purement négative qui exprime l'absence d'un bien ? Et pourtant, le mal est une réalité qui nous heurte dans notre chair, dans notre cœur, dans notre esprit. C'est toute souffrance, toute agression, toute blessure de la vie humaine – quelle qu'en soit la cause : circonstances extérieures ou méchanceté des hommes. Ce mal peut provoquer un cri spontané d'indignation, de douleur, qui est déjà une prière : « Délivre-nous... ».

Il y a pire : le mal qui nous tente et dont nous devenons complices.

Pour le mesurer, il ne faut pas nous situer par rapport à nous-mêmes et dire : « Je *m*'en veux », ou bien : « Je n'y peux rien, je suis fait ainsi », ou encore : « Je *m*'excuse ». Car, face au mal, nous ne sommes pas seuls au monde. En tant que personnes, nous sommes constamment pris dans une double relation : à la fois avec les autres humains et avec Dieu. Rappelez-vous : les commandements à l'égard de soi-même ne sont que la conséquence des commandements à l'égard de Dieu et du prochain.

Par notre liberté qui se détourne de Dieu, par nos choix qui manquent à la volonté de Dieu, et donc à nos frères et à nous-mêmes – bref, par nos péchés –, nous pactisons avec le mal et nous avons notre part de complicité dans la déstructuration du monde et dans la dislocation des relations entre les hommes.

Or, derrière cet engluement du mal se dessine une puissance de refus de Dieu dont Dieu est vainqueur, mais dont l'homme devient prisonnier et complice.

Nous avons souvent une vision trop « hygiénique » du mal – je veux dire « prophylactique », comme s'il suffisait d'établir un terrain neutre pour que l'homme soit indemne de toute contamination et de toute complicité ! Quelque chose nous échappe dans le mal : son caractère absurde, incompréhensible : « Comment se fait-il que les hommes, créés pour la communion et la sainteté, en arrivent à une autodestruction ? Comment se fait-il que le monde, créé pour la beauté et la paix, en arrive à une telle contradiction ?

D'aucuns dénoncent un certain « système », que les plus désespérés veulent faire sauter. En vérité, ce qu'une génération a mis sur le compte du « système », nous devons le mettre sur le dos du Diable. Comme l'enseigne Jésus : « Ce genre de démon ne se chasse que par le jeûne et la prière ».[3]

Ne nous trompons pas d'ennemi. Cette structure perverse est une « puissance » : l'Écriture parle des « puissances des ténèbres ».[4] Le « Malin », le « Mauvais », le « Tentateur », l'« Adversaire », l'« Ennemi », le « Diable », « Satan » y est-il encore dit.

3 Matthieu 17, 21 et Marc 9, 29.
4 Voir Luc 22, 53 ou Colossiens 1, 13.

Avant d'entrer dans sa Passion, Jésus devant ses disciples se tourne vers son Père : « Je ne te prie pas de les retirer du monde, mais de les garder du Mauvais ».[5]

Et l'apôtre Paul écrit aux premières communautés chrétiennes, par exemple : « Le Seigneur est fidèle. Il vous affermira et vous gardera du Mauvais »[6] ; ou encore : « Le Seigneur vous délivrera de toute entreprise du Mauvais ».[7]

Cette demande : « Délivre-nous du Mal », inclut le mal qui habite le cœur de l'homme et le mal du monde, de la souffrance et du péché – et jusqu'au Tentateur. Être délivré du mal, c'est être délivré du Malin.

5 Jean 17, 15.
6 2 Thessaloniciens 3, 3.
7 2 Timothée 4, 18.

XXIV

POUR QUE TOUS SOIENT DÉLIVRÉS

« Délivre-nous du Mal » : la délivrance que nous demandons à Dieu est à la mesure du mal dont nous le prions de nous rendre libres :

– *Souffrance,* de même que le Christ au mont des Oliviers a prié : « Père, s'il est possible, que cette coupe passe loin de moi ».[1]

– *Regret, plainte,* de même que le Christ se lamente sur Jérusalem : « Que de fois j'ai voulu rassembler tes enfants comme une poule ses poussins ».[2]

– *Effroi devant la mort,* de même que le Christ, vivant d'avance sa mort prochaine, pleure son ami Lazare.[3]

– *Épreuve de l'homme affronté aux « puissances » qui le tentent,*[4] de même que le Christ au désert.[5] Alors prier :

1 Matthieu 26, 29.
2 Matthieu 23, 37.
3 Jean 11 [versets 33, 35, 38 – NdE].
4 Voir Éphésiens 6, 12.
5 Matthieu 4, 1-11 ; Marc 1, 12-13 ; Luc 4, 1-13 [NdE].

« Délivre-nous du Mal », c'est se prémunir contre les fascinations illusoires et user de sa liberté quand il est encore temps. Car la première ruse du Tentateur est de se dissimuler. Et nous, aussitôt engagés dans le défilé étroit de la tentation, nous ne voyons plus l'horizon. Plus nous nous enfonçons dans la séduction du mal, moins nous avons d'espace pour bouger, de force pour résister, de jugement pour distinguer le bien du mal. « Le beau est le laid », chantent les sorcières de Shakespeare.[6] Demander au Père : « Délivre-nous du Mal », c'est d'avance identifier le Malin derrière le mal.

– *Ultime tentation du désespoir et de l'abandon* : à l'heure de la Passion. Les apôtres prennent la fuite.[7] Pierre renie trois fois.[8] Judas, pris au piège de la mort du Christ déclenchée par sa trahison, ne voit pas que cette mort est source de délivrance ; mais succombant à la désespérance, il se retire à lui-même sa vie.[9] Et pourtant le Christ est mort pour lui aussi.

L'authentique théologie de la libération a ses racines dans cette demande du *Pater*. Le Père, par son Fils Rédempteur de l'homme, nous délivre de la servitude

6 « *Fair is foul, and foul is fair* » : « Le beau est laid et le laid est beau » dans *Macbeth*, I, 1, 11 [NdE].

7 Marc 14, 50 [NdE].

8 Matthieu 26, 69-76 ; Marc 14, 66-72 ; Luc 22, 56-62 ; Jean 18, 17.25-27 [NdE].

9 Matthieu 27, 3-5 [NdE].

de l'Adversaire, le Diable, pour nous ouvrir à la liberté des enfants de Dieu.[10] Le Christ dit à ses disciples : « La vérité fera de vous des hommes libres ».[11]

« Mais le Fils de l'homme, quand il viendra, trouvera-t-il la foi sur la terre ? »[12] : cette question surprenante de Jésus exprime de quel mal nous demandons au Père de nous libérer. La foi nous donne le courage de veiller et de prier, de vaincre le Mal par la puissance de l'Amour. Souvenez-vous de cette autre parole de Jésus : « L'amour se refroidira dans la multitude, mais celui qui tiendra jusqu'à la fin, celui-là sera sauvé ».[13]

Notre prière est un combat avec le Christ jusqu'à sa venue dans la gloire.

« Délivre-nous du Mal » : cette prière touche à la fois notre situation concrète aujourd'hui et l'accomplissement de toutes choses à la fin des temps. Loin d'être une demande de protection égoïste : « Seigneur, tiens-moi à l'abri », elle nous fait entrer activement dans l'œuvre du Christ pour la libération de toute l'humanité.

Nous disons : « Délivre-*nous* », alors que c'est *moi*, c'est *toi* qui pries. Mais pour qui ? Pour toi, certes. Pour

10 Voir Matthieu 17, 26.
11 Jean 8, 32.
12 Luc 18, 8.
13 Matthieu 24, 12-13.

ceux qui te sont chers, peut-être. Pour les membres de l'Église, sans doute. Mais aussi pour l'humanité entière. Car, baptisés, nous prions par, avec et dans le Christ-prêtre pour tous les hommes. Nous accomplissons la fonction sacerdotale du peuple de Dieu – même le petit enfant qui ânonne son « Notre Père ».

Unis au Christ mort et ressuscité, nous travaillons à une délivrance dont nous savons le prix de sacrifice et la force de victoire. Taxés d'utopistes, en butte aux « à quoi ça sert ? » des sceptiques, avec la ténacité des vagues qui frappent le rivage, lorsque nous intercédons auprès du Père pour l'humanité entière : « Délivre-nous du Mal », lorsque, unis à « tous les élus, nous crions vers Dieu jour et nuit »,[14] nous travaillons à ce que vienne le règne de Dieu.

14 Luc 18, 7.

XXV

« CAR C'EST À TOI QU'APPARTIENNENT LE RÈGNE, LA PUISSANCE ET LA GLOIRE, AMEN »

« Car c'est à toi qu'appartiennent le règne, la puissance et la gloire, pour les siècles des siècles. Amen » : cette louange finale du « Notre Père » n'est pas une innovation du concile Vatican II. Elle est très ancienne et remonte probablement à Jésus lui-même. La *Didakê* ou *Doctrine des apôtres* (IIe siècle) atteste déjà son usage dans les communautés chrétiennes d'Israël sous la forme : « Car à toi est la puissance et la gloire dans les siècles ». Il est ajouté : « Priez ainsi trois fois par jour », c'est-à-dire lors de la prière au Temple. Cette prescription nous montre le caractère liturgique du « Notre Père ». Ce n'est pas une prière improvisée par Jésus pour ses disciples. Les formules sont façonnées par sa propre prière selon l'usage de la piété liturgique juive...

Jésus nous donne la grâce de partager sa prière toute-puissante, qui récapitule toute prière. En priant avec lui, nous entrons dans l'offrande parfaite du Fils unique. C'est pourquoi nous la disons avant de recevoir son Corps eucharistique.

Il serait étrange et peu conforme à la logique de la prière que le « Notre Père » s'achève par « Délivre-nous du Mal » et de la puissance du Mauvais, ponctué d'un « Amen » à contretemps, puisque c'est l'acclamation liturgique à Dieu.[1] Au contraire, la louange qui rend au Père « la gloire, la puissance et le règne » dont, en commençant le *Pater*, nous avons demandé la venue, l'avènement, cette louange donc boucle la prière sur un mouvement spontané d'action de grâce, habituel dans la liturgie juive.

Si Jésus a confié à ses apôtres des paroles précises, il les invite à conclure par une libre action de grâce. Ce n'est plus une demande dont la forme est fixée, mais une louange plus ou moins improvisée - un cri du cœur. Telle est du moins l'hypothèse de l'exégète Jeremias[2] pour expliquer le flottement des manuscrits anciens au sujet de la rédaction de cette louange finale.

Le règne. - « Tu es notre Roi, ô Seigneur notre Père, le roi du monde et des enfants de Dieu. Tu as mani-

1 Voir l'Apocalypse [1, 7 ; 5, 14 ; 7, 12 ; 19, 4 ; 22, 21 - NdE].
2 Joachim Jeremias (1900-1979) est un théologien luthérien allemand dont les travaux font autorité sur le Nouveau Testament et le Proche-Orient antique.

festé ta souveraine bonté en nous envoyant ton Fils et en répandant sur nous l'Esprit Saint. En ton Fils, tu fais de l'homme un prince héritier, roi et prêtre de la création ».

En partageant la prière de Jésus qui, seul, peut dire en plénitude : « À toi le règne ! », nous remplissons le rôle sacerdotal du peuple de Dieu. Saint Jean dans l'Apocalypse dévoile cette réalité inouïe à laquelle nous sommes appelés : « L'Agneau a racheté pour Dieu par son sang des hommes de toute tribu, peuple et nation. Il en a fait pour notre Dieu un royaume et des prêtres et ils régneront sur la terre ».[3]

La puissance. – « Dieu, tu es tout-puissant ». Même si nous prions cette louange au Père dans la détresse et les pleurs au regard de la faiblesse universelle qui marque l'existence humaine, nous reconnaissons en Dieu la toute-puissance qui surpasse toute finitude.

En son Fils, Roi humilié, « à qui tout pouvoir a été remis, au ciel et sur la terre »,[4] nous participons à cette souveraineté. Entendons en écho la promesse du Christ aux apôtres : « Vous qui m'avez suivi, vous siégerez aussi sur douze trônes ».[5] Nous sommes cohéritiers du règne de Dieu.

3 Apocalypse 5, 10.
4 Matthieu 28, 18.
5 Matthieu, 19, 28.

La gloire. – C'est la plénitude de la vie divine, éclatant dans le Temple aux yeux d'Isaïe.[6]

Nous reconnaissons que cette gloire appartient à Dieu notre Père. Mais, fils dans le Fils, nous y aurons part « quand il reviendra dans la gloire »[7] et que s'accomplira sa prière : « Qu'ils contemplent la gloire que tu m'as donnée ».[8]

Dans cette louange finale s'inscrit en filigrane notre mission de baptisés : agir pour la gloire de Dieu, sanctifier le monde. Ce monde avec ses duretés doit être pétri par les mains puissantes de Dieu et travaillé, telle une pâte, par le levain enfoui des fils des Dieu, en Église.

Nous travaillons à ce que la puissance divine d'amour et de salut touche tout événement de la vie humaine et à ce que l'humanité, par notre voix, rende grâce au Père, chaque fois que nous prions : « Car c'est à toi qu'appartiennent le règne, la puissance et la gloire. Amen ».

6 Isaïe 6 [spécialement le verset 3 – NdE].
7 Matthieu 25, 31.
8 Jean 17, 24.

PRÉCISIONS SUR L'ÉDITION

Les vingt-cinq textes repris ici sont ceux qui ont été publiés dans l'hebdomadaire *Paris-Notre-Dame* en 1986, du n° 124 (daté du 28 mai) au n° 148 (10 décembre), avec une interruption pendant le mois d'août, entre le n° 133 (30 juillet) et le n° 134 (3 septembre).

Les entretiens sur Radio Notre-Dame qu'ils résumaient avaient été diffusés chaque semaine du 16 avril (n° I) au 9 juillet (n° XIII), puis du 3 septembre (n° XIV) au 29 novembre (n° XXV). L'écart entre chaque émission et la publication de son résumé s'explique par le temps nécessaire pour la transcription des enregistrements, l'élaboration des résumés et leur révision par le cardinal Lustiger lui-même en fonction de ses nombreuses autres obligations, avant l'insertion dans la fabrication du journal diocésain.

Exactement comme du vivant de l'auteur pour toutes les publications sous forme de livres de textes réunis après avoir été élaborés de la même manière,[9] ceux-ci ont été préparés conformément aux règles de l'édition (différentes de celles de la typographie de *Paris-Notre-Dame* à l'époque, avec une profusion d'italiques et de soulignements), en s'efforçant de corriger de rares coquilles et de retoucher de façon exceptionnelle et toujours minimale des formulations et certains enchaînements que le rythme et les délais n'avaient pas permis d'affiner.

La césure entre les « entretiens » XIV et XV de *Paris-Notre-Dame* a été revue. L'édition américaine de 1988 avait pris le parti de les fondre en un seul chapitre. Ce choix se justifiait par le fait que, des trois significations étudiées du grec *epiousion* (le « pain quotidien de ce jour »), seule la première avait pu l'être dans le n° XIV : le développement annoncé n'entrait pas dans le découpage hebdomadaire et s'est achevé la semaine suivante. Il est apparu préférable ici de reporter au n° XV la fin du n° XIV, de manière à regrouper les commentaires sur ces trois acceptions du même mot. Le n° 14 apparaît ainsi comme une transition après la coupure estivale, avec une conclusion sur les trois premières demandes du « Notre Père », suivie d'une introduction aux

9 Il s'agit de *Premiers pas dans la prière* (Nouvelle Cité, 1986), *La messe* (Bayard, 1988 ; réédition 2009), *Le sacrement de l'onction des malades* (Cerf, 1990), *Le baptême de votre enfant* (Fleurus, 1997), *Soyez heureux* (Nil, 1997 ; réédition Parole et Silence, 2011), *Les prêtres que Dieu donne* (DDB, 2000) et *Comment Dieu ouvre la porte de la foi* (DDB, 2004).

suivantes et d'abord à la demande de pain, qui fait ensuite l'objet des n° XV et XVI.

Afin de faciliter la lecture, les références scripturaires ont été transférées en notes de bas de page et sont données sans abréviations. Les notes qu'il a paru utile d'ajouter sont signalées par la mention NdE (Note de la présente édition) entre crochets.

Enfin, et encore une fois comme pour toutes les autres publications analogues, certains titres d'« entretien » (que le cardinal Lustiger ne choisissait pas toujours lui-même) ont été revus, soit parce qu'ils étaient trop longs, soit pour tenter une adaptation plus suggestive du contenu et de sa progression.[10]

Jean Duchesne

10 Les originaux parus dans *Paris-Notre-Dame* et tous les textes publiés par le cardinal Lustiger sont accessibles sur le site www.institutlustiger.fr, ainsi que tous les documents audiovisuels disponibles sur sa vie et son œuvre.

DU MÊME AUTEUR [1]

Sermons d'un curé de Paris, Fayard, 1978.

Pain de vie et peuple de Dieu, Critérion, 1981.

Osez croire, Osez vivre, Centurion, 1985.

Premiers pas dans la prière, Nouvelle Cité, 1986.

Le choix de Dieu, Éditions de Fallois, 1987.

The Mass, Harper & Row, 1987.

Six sermons aux élus de la Nation, Cerf, 1987.

La messe, Bayard, 1988.

Dieu merci, les droits de l'homme, Critérion, 1990.

Le sacrement de l'onction des malades, Cerf, 1990.

Dare to Rejoice, Our Sunday Visitor, 1990.

Nous avons rendez-vous avec l'Europe, Mame, 1991.

Petites paroles de nuit de Noël, Éditions de Fallois, 1992.

1 Seule figure ici la première édition de chaque ouvrage.

Devenez dignes de la condition humaine, Flammarion, 1995.

Le baptême de votre enfant, Fleurus, 1997.

Soyeux heureux, NiL, 1997.

Pour l'Europe, un nouvel art de vivre, PUF, 1999.

Les prêtres que Dieu donne, Desclée de Brouwer, 2000.

Comme Dieu vous aime, Parole et Silence, 2001.

La Promesse, Parole et Silence, 2002.

Comment Dieu ouvre la porte de la foi, Desclée de Brouwer, 2004.

L'Europe à venir, Parole et Silence, 2010.

L'Alliance, Presses de la Renaissance, 2010.

Jean-Marie Lustiger, témoin de Jean-Paul II, Parole et Silence, 2011.

Institut Jean-Marie Lustiger

L'*Institut Jean-Marie Lustiger* a pour principale mission de faciliter l'étude de l'œuvre du cardinal. Il propose, en libre consultation, une importante base de données : des centaines de documents, dont des inédits, sont référencés et consultables (conférences, articles, homélies, contributions dans des collectifs). De très nombreux enregistrements audio et vidéo sont également disponibles.

L'*Institut Jean-Marie Lustiger* peut accompagner des travaux de recherche. Il organise ou soutient conférences, colloques, cours, etc. et supervise les publications concernant le cardinal Lustiger.

www.institutlustiger.fr

TABLE DES MATIÈRES